Konsep Baru
MANDARIN

总 监 制：马箭飞

监 制：静炜 戚德祥 张健
　　　　夏建辉 张彤辉

顾 问：[法] 白乐桑 邓守信 [日] 古川裕
　　　　[美] 姚道中 [英] 袁博平

审 定：刘珣

主 编：崔永华

副主编：张健

编 者：王亚莉 陈维昌 唐琪佳 刘艳芬 唐娟华

印尼语翻译：Pareng Kwan Sim Santi

印尼语编辑：LILIANA

印尼语审订：Cahyo Indra Setiono

"十二五"国家重点出版物出版规划项目

Konsep Baru 4

MANDARIN

新概念汉语

Edisi Bahasa Indonesia 印尼语版

Buku Pelajaran 课本

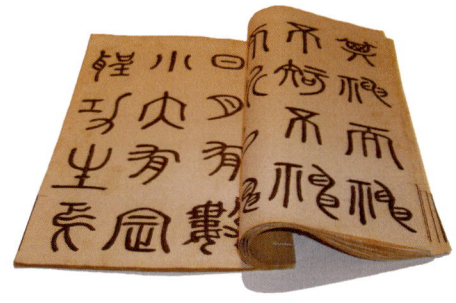

使用说明

《新概念汉语》是一套供成年人使用的汉语教材，可以用来自学，也可以在课堂教学中使用。

本教材基于汉语和汉语作为第二语言教学的实践和研究成果，学习、吸收国内外外语教学的有效方法和 21 世纪的教学理念和教学实践，选择实用、简要、有趣的教学内容，设计简便、有效的学习和教授方法，努力为不同类型的汉语学习者和教师提供方便。

本教材配有相应的教学资源，包括 MP3 光盘（包含课文、生词、练习录音）、练习册、汉字练习册、教师用书、教学图卡、数字资源（提供教学资源和咨询）等。

本书是《新概念汉语》第四册。为方便读者，特做如下说明。

一、教学对象、目标、内容和教学安排

教学对象：学过《新概念汉语》（第一、二、三册）或具有相应汉语水平（学过汉语基本语法、掌握 1500 左右汉语词汇）的成人汉语学习者。

教学目标：通过学习本教材，达到新 HSK 4 级以上水平，进一步培养汉语听、说、读、写能力，重点是培养初步的成段表达能力。能理解在一般社交场合或在工作、学习等场合遇到的表达清晰、内容熟悉的语言材料，能就熟悉的话题与他人进行交流，能描述自己的经历，表达自己的看法，给出简单的理由或解释。与《欧洲语言共同参考框架》的 B2 级外语运用水平大致相当。

教学内容：本册教材教授约 600 个汉语交际常用词、200 多个汉字、40 个语法项目，以及外国人使用汉语学习、生活、工作时最常见的话题。

教学安排：本册教材共 20 课，建议每课学习时间为 4 小时，课堂教学教授 2 小时，课外学习（包括复习和完成练习册中的作业）2 小时。

二、课本内容

每课的学习内容由"课文""学习语法""学习词汇和汉字""交际活动"四部分组成。

（1）课文。课文都是适合学习者水平的短文，包括故事、趣闻、百科和中国文化知识等，目的是让学习者边理解故事、知识，边学习汉语词语、语法和相关的表达方法。

（2）学习语法。每课学习两个语法点。目的是让学习者在学习常用的、有交际价值的语句的同时，理解、记忆和学会使用所学语法、句式和常用词汇。

（3）学习词汇和汉字。这一部分通过多种活动帮助学习者复习、记忆和使用汉语常用词汇和汉字，特别是加深对汉语词汇和汉字构成方式的理解。如通过图示、分类，帮助学习者梳理学过的常用词汇；通过分析构词成分，理解汉语构词的规则；通过分析汉字部件，理解汉字的结构和造字方法；通过常用汉字表，帮助学习者掌握基本汉字等。

（4）交际活动。每课安排两种交际活动，供教师和学习者选用。一种是结伴或小组活动，目的是继续培养人际交际能力；一种是独白，目的是培养初步的成段表达能力。

三、教学策略建议

下面的教学过程和方法，供自学者和教师参考。

第一部分　学习课文

1. 热身（5分钟）

热身活动可采取下列方式之一进行：

（1）复习旧课，引出新课。

（2）看图片，根据图片提问，引出课文内容。

问题可以是：这是什么地方？有什么人？有什么东西？发生了什么事情？

（3）就课文题目进行讨论，也可以让学生预测课文的内容。

2. 快速阅读课文（5分钟）

（1）朗读读前问题。

（2）快速阅读，寻找答案。

提醒学生借助生词表和注释，阅读全文，画出与读前问题相关的语句，不要指读（用手指着字读）。

（3）尝试回答读前问题。

答案不必强求一律，可以留点儿悬念，在读懂课文后回答。

3. 学习生词（15分钟）

（1）听生词录音或听教师朗读生词。

（2）跟读（跟录音或教师朗读）。

（3）理解生词。

教师通过提问、领读搭配，启发学生理解词义，辅以必要的讲解。

（4）按顺序集体朗读生词。

（5）认读生词。

教师指定学生打乱生词顺序朗读，注意观察学生的掌握情况。

4. 听课文，回答问题（10分钟）

（1）朗读课文后面的问题。

（2）听全文（提醒学生不看课文）。

（3）回答问题。

（4）分段听课文，回答问题（老师提问，全班回答）。

（5）回答全部问题。

老师提问，单个学生回答，注意把重点放在学生有困难的问题上。

5. 朗读课文（10分钟）

（1）教师分段领读课文。

提醒学生注意课文中新的语法现象，并借助注释初步理解，可辅以必要的讲解。

（2）学生朗读课文。

（3）回答全部问题。

可以让学生提问，先全班回答，再请单个学生回答。

6. 复述课文（5分钟）
（1）根据提示复述课文。
（2）无提示复述课文（或可看英译文本复述）。

第二部分 综合练习

1. 学习语法（20分钟）

每课的两个语法点均可按以下步骤和方式学习：

（1）听全部例句1—2遍。
（2）学生逐句跟读例句，参考生词表理解句意。
（3）学习生词（参考第一部分"3.学习生词"）
（4）做练习1。
　　注意引导学生按题目要求标出相关部分。
（5）启发学生归纳出句式的公式。
（6）做练习2。
　　学生先独立做，然后与同伴核对并修改，最后全班或学生面向全班说答案。

2. 学习词汇和汉字（15分钟）

（1）学生独立做各项练习。
（2）跟同伴核对。
（3）引导全班说出答案。

3. 交际活动（15分钟）

交际活动可在课堂上做，也可以在课下做，课上检查、汇报。

活动 1（小组活动）

（1）朗读指令，理解任务。
（2）教师和/或学生给出示例，启发说出相应的句式、词语。
（3）教师引导分组、分工。
（4）明确汇报要求。
（5）设定活动时限。
（6）小组活动。
（7）小组或小组代表向全班汇报。
（8）学生自我评价和教师评价。

活动 2（独白）

（1）朗读指令，理解任务。
（2）教师自己示例或引导学生示例。
　　可先启发学生说出相关的句式、词语。如通过连续的问题，告知学生叙述的内容和词语、句式、顺序等。
（3）设定话语长度和准备时限。
（4）提醒学生写下提示词语。
（5）学生准备。
（6）学生分组互相讲述，或由学生向全班汇报。
（7）学生自我评价和教师评价。

4. 归纳本课学习内容

此环节也可放在交际活动前进行。

（1）复述课文。

（2）让学生说出有用的句子，或用图片引导学生说出句子。

（3）让学生朗读生词表，或用图片引出词汇练习中的词语。

四、教学设计思想

本教材在教学过程设计中，力图贯彻以下基本原则：

（1）课堂以学生活动为主，全部过程都是在教师启发、指导下的学生活动。

（2）培养运用汉语进行听、说、读、写综合交际能力，其中"写"的活动主要在学生练习册中进行。

下面对相关部分的设计意图略做说明。

1. 热身

热身活动有三个目的：

（1）在让学生运用汉语描述图片、回答实际问题的过程中，给他们创造自由表达的机会，是"用中学"的重要手段。

（2）激活学生已经具备的相关知识和能力，为学习新内容做准备。

（3）营造生动活泼的学习气氛。

在这个阶段，要给学生创造充分的真实表达机会，"不怕错"很重要。

2. 学习课文

这一部分的教学安排主要基于以下三点考虑：

（1）总体过程是从全局到局部，再从局部到全局。学习从领会全文大意开始，为学习者创造在语境中学习课文的语句、语法、词汇的条件；然后在对局部（各段落）的细节（词汇、句意）理解的基础上，达到全面理解和掌握全文的内容。

（2）由易到难，逐步深入。学习从快速阅读开始，为后面的聆听理解打下基础；聆听后回答问题，逐步熟悉学习内容（文章的意思、语法和词汇）；在快读、聆听和领读的基础上，再朗读课文，为提高朗读质量打下坚实的基础，也使顺利地复述课文水到渠成。

（3）课文学习的目标是学生可以流利地复述课文。这表明他们理解了课文的内容，掌握了所学的语法、句式和词汇。

3. 学习语法

语法教学遵循意义和结构并重、意义优先的原则，学习过程贯穿对意义的关注。

（1）意义优先，是指语法学习的用例和练习，不是为显示语法规则而编造的人工语言，而是有意义、有意思、有交际价值、在交际中经常使用的语句。学习这些句子是为了提高交际能力，而不只是为了学习语法和词汇知识。

（2）语法部分的结构和词语学习过程，是在理解句子意思和学习使用句子交际的基础上，抽象出句子形式，通过思考，促进记忆，掌握使用方法。

（3）通过朗读、分析结构和练习，掌握和熟悉句子的结构形式，努力达到熟练使用的水平。

4. 学习词汇和汉字

词汇和汉字学习的主导思想是立足理解语义和语法结构，促进记忆，如：

（1）通过各种方式，帮助整理学过的词汇。

（2）通过图示，建立与词汇所指的联系；设置相关的应用练习，帮助掌握使用。

（3）通过分析词和汉字的结构，了解汉语构词、造字的基本规则。

在词汇和汉字学习中，有两点需要特别说明：① 由于要显示词汇、汉字的规律、规则，练习中使用的词汇、汉字常常跟课文中出现的字词不完全契合。这虽然不够理想，但也只能"顾此失彼"。② 练习没有严格区分"字"和"语素"的概念，比如说"这些汉字构成的词"，是从汉字运用的角度说的，但也有说明构词法的意思。

5. 交际活动

交际活动的目的，是把本课学习的词汇、语法、话题框架运用到实际交际之中。

两组交际活动都倡导小组活动的方式，在这种活动中，学习者不仅要说出正确的话语，更要学会运用语用规则、交际策略，以提高用汉语进行真实交际的能力。

Panduan Penggunaan

Konsep Baru Bahasa Mandarin adalah paket pembelajaran bahasa Mandarin yang ditujukan untuk kalangan dewasa, yang mana dapat digunakan untuk pembelajaran baik secara otodidak maupun sebagai materi pengajaran dalam kelas.

Buku ini disusun berdasarkan praktek serta riset bahasa Mandarin dan pengajaran bahasa Mandarin sebagai bahasa kedua, menggabungkan dan menyerap berbagai metode pengajaran efektif yang digunakan di Tiongkok dan di berbagai negara, disesuaikan pula dengan konsep dan praktek pengajaran abad ke-21. Menggunakan materi pembelajaran yang praktis, ringkas, dan menarik, dengan desain konsep pengajaran yang sederhana dan efektif, sehingga praktis digunakan oleh berbagai kalangan pembelajar atau pengajar.

Buku ini juga dilengkapi dengan materi pendukung berupa disk MP3 (rekaman teks bacaan, kosakata baru, dan latihan), Buku Latihan, Buku Latihan Karakter Mandarin, Buku Materi Pengajar, Kartu Kosakata, CD-ROM, materi digital (untuk referensi dan konsultasi) dan lain-lain.

Buku ini adalah *Konsep Baru Bahasa Mandarin* jilid ke-4. Untuk memudahkan para pengguna, perhatikan hal-hal berikut:

1. Sasaran, tujuan, isi, dan kurikulum pengajaran

Sasaran pengajaran: Kalangan dewasa yang telah mempelajari Konsep Baru Mandarin Jilid 1,2 dan 3 atau memiliki level bahasa Mandarin yang setara (telah mempelajari dasar tata bahasa Mandarin, menguasai kurang lebih 1500 kosakata).

Tujuan pengajaran: Melalui pembelajaran buku ini, mampu memenuhi standar HSK (Baru) level 4, meningkatkan kemampuan dalam pendenganan, percakapan, membaca dan menulis Mandarin, mulai berfokus mengembangkan kemampuan dasar dalam membuat paragraf. Pembelajar mampu mengerti materi bahasa yang diutarakan dengan jelas dan tak asing lagi yang ditemukan dalam lingkungan pekerjaan, belajar, atau kegiatan sosial lainnya, dapat berkomunikasi dengan orang lain dalam topik yang tak asing lagi, dapat mendeskripsikan pengalaman sendiri, mengutarakan pendapat pribadi, memberikan alasan atau penjelasan sederhana.

Materi pengajaran: Buku ini mengajarkan kurang lebih 600 kosakata sehari-hari Mandarin, lebih dari 200 karakter Mandarin, 40 jenis tata bahasa, serta topik-topik umum yang sering dijumpai oleh para pembelajar asing dalam belajar, kehidupan sehari-haridan bekerja.

Kurikulum pengajaran: Buku ini terdiri dari 20 bab, waktu pembelajaran yang disarankan untuk tiap bab nya adalah 4 jam, pembelajaran di kelas selama 2 jam, pembelajaran di luar kelas (termasuk pembelajaran ulang dan mengerjakan latihan soal di buku latihan) selama 2 jam.

2. Materi buku

Materi pada setiap bab nya terdiri dari 4 bagian yaitu "Teks bacaan", "Pelajar tata bahasa", "Pelajar kosakata dan karakter Mandarin", "Aktivitas Berkomunikasi".

(1) Teks bacaan. Teks bacaan adalah cerita pendek yang disesuikan dengan tingkat kemampuan murid, termasuk cerita, topik-topik menarik, ensiklopedia, dan pengetahuan budaya Tiongkok, dll. Tujuannya agar murid selain dapat memahami cerita dan mendapatkan pengetahuan, juga dapat mempelajari kosakata Mandarin, tata bahasa, dan cara pengungkapan yang berkaitan.

(2) Belajar tata bahasa. Terdapat 2 materi tata bahasa pada tiap bab. Bertujuan agar murid di saatmurid mempelajari kalimat yang umum digunakan, memiliki nilai komunikatif, di waktu bersamaan juga dapat memahami, mengingat, dan dapat menggunakan tata bahasa, bentuk kalimat, dan kosakata umum yang telah dipelajari.

(3) Belajar kosakata dan karakter Mandarin. Pada bagian ini, dengan melalui beragam kegiatan dapat membantu murid mempelajari kembali, mengingat, dan menggunakan kosakata dan karakter Mandarin, khususnya memperdalam pemahaman terhadap metode pembentukan kata dan karakater Mandarin. Misalnya melalui gambar/ilustrasi, penggolongan (kategori), dapat membantu murid merangkum kembali kosakata umum yang telah dipelajarinya; melalui penganalisaan bagian kata, murid dapat memahami aturan pembentukan kata Mandarin; melalui penganalisaan bagian karakter Mandarin, dapat memahami struktur karakter Mandarin dan cara pembentukan karakter; melalui tabel karakter Mandarin umum, dapat membantu murid menguasai karakter dasar Mandarin, dll.

(4) Aktivitas Berkomunikasi. Pada setiap bab terdapat dua jenis kegiatan komunikasi yang dapat dipilih oleh guru dan murid. Yang pertama yaitu kegiatan berkelompok, bertujuan agar dapat terus mengembangkan kemampuan berkomunikasi; jenis lainnya yaitu tugas individual, bertujuan agar dapat mengembangkan kemampuan pengungkapan dalam bentuk paragraf.

3. Saran untuk strategi pengajaran

Di bawah ini adalah beberapa proses dan cara pengajaran yang disarankan untuk pembelajar otodidak dan pengajar.

Bagian I Mempelajari teks bacaan

a. Pemanasan (5 menit)

Untuk pemanasan dapat menggunakan salah satu cara di bawah ini:

(1) Mengulang kembali bab sebelumnya dan mengarahkan ke bab baru.

(2) Melihat gambar, berdasarkan gambar membuat pertanyaan yang mengarah ke isi teks bacaan.

Contoh pertanyaan: Tempat apakah ini? Ada siapa saja? Ada barang apa saja? Apa yang terjadi?

(3) Mendiskusikan judul teks bacaan, juga dapat mengajak murid untuk memprediksi isi teks bacaan.

b. Membaca teks bacaan dengan cepat (5 menit)

(1) Membaca pertanyaan sebelum teks bacaan.

(2) Membaca dengan cepat dan mencari jawaban.

Mengingatkan murid untuk menggunakan bantuan daftar kosakata dan penjelasan untuk membaca seluruh teks bacaan, menandai kata/kalimat yang berhubungan dengan pertanyaan sebelum teks bacaan, dan murid diharapkan tidak membaca sembari menunjuk (menggunakan jari untuk menunjuk tiap huruf pada saat membaca).

(3) Mencoba menjawab pertanyaan sebelum teks bacaan.

Jawaban boleh bervariasi, menyediakan ruang agar murid dapat menjawabnya lagi setelah mengerti isi teks bacaan.

c. Mempelajari kosakata baru (15 menit)

(1) Mendengarkan rekaman kosakata baru atau kosakata baru yang dibacakan guru.

(2) kut membaca (mengikuti rekaman atau guru).

(3) Memahami kosakata baru.

Guru dapat menginspirasi murid untuk mengerti arti kata dengan memberikan pertanyaan, membimbing mereka untuk membaca penggabungan (penyandingan) kata, dan jika diperlukan dapat memberikan penjelasan.

(4) Bersama-sama membaca kosakata baru secara berurutan.

(5) Mengenali dan membaca kosakata baru.

Guru mengacak urutan kosa kata baru dan menunjuk salah satu murid untuk membacanya, harap memperhatikan seberapa banyak murid dapat menguasai kosakata baru.

d. Mendengarkan teks bacaan, menjawab pertanyaan (10 menit)

(1) Membaca pertanyaan yang ada setelah teks bacaan.

(2) Mendengarkan seluruh teks bacaan (mengingatkan murid untuk tidak melihat teks bacaan).

(3) Menjawab pertanyaan.

(4) Mendengarkan teks bacaan paragraf per paragraf dan menjawab pertanyaan (guru bertanya, seluruh kelas menjawab).

(5) Menjawab seluruh pertanyaan.

Guru menunjuk murid untuk menjawab pertanyaannya. Guru diharap untuk menekankan pada pertanyaan yang sulit dimengerti oleh para murid.

e. Membaca teks bacaan (10 menit)

(1) Guru memimpin pembacaan teks bacaan paragraf per paragraf.

Mengingatkan murid untuk memperhatikan tata bahasa baru di dalam teks bacaan, dan dapat memahami terlebih dahulu melalui catatan yang ada pada tiap bab, jika diperlukan dapat memberikan penjelasan lebih lanjut.

(2) Murid membaca teks bacaan.

(3) Menjawab seluruh pertanyaan.

Memperbolehkan murid memberikan pertanyaan, seluruh kelas dapat menjawabnya dahulu, lalu menunjuk satu murid untuk menjawabnya lagi.

f. Menceritakan kembali teks bacaan (5 menit)

(1) Menceritakan kembali teks bacaan berdasarkan petunjuk yang diberikan.

(2) Menceritakan kembali teks bacaan tanpa petunjuk (atau dapat melihat teks bacaan bahasa Indonesia).

Bagian II Latihan Menyeluruh

a. Belajar Tata bahasa (20 menit)

Terdapat 2 materi tata bahasa pada tiap bab, yang mana dapat menggunakan langkah-langkah dan cara di bawah ini untuk mempelajarinya:

(1) Mendengarkan 1-2 kali seluruh contoh kalimat.

(2) Murid mengikuti membaca contoh kalimat satu per satu, lalu melihat daftar kosakata baru untuk mengerti arti kalimatnya.

(3) Mempelajari kosakata baru (Lihat bagian I "3.Mempelajari kosakata baru")

(4) Mengerjakan Latihan 1.

Membimbing murid untuk menandai bagian yang diminta dari soal.

(5) Memberikan dorongan ke murid untuk merangkum rumusan pola kalimat.

(6) Mengerjakan Latihan 2.

Meminta murid mencoba untuk mengerjakan soal dengan sendiri terlebih dahulu, lalu mencocokkan dengan teman dan mengubahnya. terakhir seluruh murid dalam satu kelas atau menunjuk salah satu murid untuk menyampaikan jawaban di depan kelas.

b. Belajar kosakata dan karakter Mandarin (15 menit)

(1) Murid mengerjakan latihan sendiri.

(2) Mencocokkan dengan teman.

(3) Membimbing seluruh murid untuk menyampaikan jawabannya.

c. Kegiatan komunikasi (15 menit)

Kegiatan komunikasi dapat dilakukan di kelas, juga dapat dilakukan setelah kelas, lalu diperiksa dan dilaporkan saat kelas.

Kegiatan 1 (Kegiatan per kelompok)

(1) Membaca perintah dan memahami tugas.

(2) Guru dan/atau murid memberikan contoh, memberikan inspirasi untuk mengucapkan kalimat, kata yang berkaitan.

(3) Guru membimbing pembagian kelompok, pembagian tugas.

(4) Memberitahu ketentuan memberi laporan yang jelas

(5) Menentukan batas waktu kegiatan.

(6) Kegiatan per kelompok.

(7) Kelompok atau perwakilan kelompok melaporkan di depan kelas.

(8) Penilaian dilakukan oleh para murid dan guru.

Kegiatan 2 (Kegiatan individu)

(1) Membaca perintah dan memahami tugas.

(2) Guru memberikan contoh atau membimbing murid untuk memberikan contoh.

Dapat diawali dengan mendorong murid untuk menyampaikan pola kalimat, kata yang berkaitan. Misalnya melalui menyampaikan beberapa pertanyaan secara beruntun untuk dapat memberi murid gambaran mengenai isi materi, kosakata, bentuk kalimat, urutan dll.

(3) Menentukan panjang waktu berbicara dan persiapan.

(4) Mengingatkan murid untuk menulis kata petunjuk.

(5) Murid-murid mempersiapkan.

(6) Murid-murid saling menceritakan di dalam kelompok masing-masing, atau melaporkan di depan kelas.

(7) Penilaian dilakukan oleh para murid dan guru.

d. Merangkum isi pembelajaran bab

Bagian ini juga dapat dilakukan sebelum kegiatan komunikasi.

(1) Menceritakan kembali teks bacaan.

(2) Meminta murid untuk mengucapkan kalimat yang penting/sering digunakan, atau menggunakan gambar untuk mengarahkan murid mengucapkan kalimat tersebut.

(3) Meminta murid untuk membaca daftar kosakata, atau menggunakan gambar untuk mengarahkan ke kata-kata dalam latihan kosakata.

4. Gagasan desain pengajaran

Di dalam desain proses pengajaran yang di gunakan, buku ini mencoba menerapkan prinsip-prinsip dasar sebagai berikut:

(1) Proses pengajaran di kelas berpusat pada berbagai kegiatan yang melibatkan para murid. Seluruh proses mencakup kegiatan murid yang berada di bawah arahan dan bimbingan guru.

(2) Menumbuhkan kembangkan kemampuan berkomunikasi yang menyeluruh mencakup mendengar, berbicara, membaca, menulis. Untuk kegiatan menulis, terutama dilakukan pada saat murid mengerjakan buku latihan.

Berikut ini penjelasan singkat mengenai maksud dan tujuan dari desain pengajaran.

a. Pemanasan

Tujuan dari pemanasan ada tiga, yaitu:

(1) Mendorong murid menggunakan bahasa Mandarin untuk menceritakan gambar dan menjawab pertanyaan, memberi kesempatan kepada para murid untuk berekspresi secara bebas, ini merupakan salah satu metode yang penting dari "Belajar melalui penggunaan".

(2) Menstimulasi pengetahuan dan kemampuan yang telah dikuasai oleh para murid, dalam rangka persiapan untuk pembelajaran materi yang baru.

(3) Menciptakan suasana belajar yang hidup dan penuh semangat.

Dalam tahapan ini, sangatlah perlu untuk memberi kesempatan yang cukup kepada murid untuk dapat mengekspresikan diri, tanamkan kepada para murid untuk "tidak takut salah".

b. Mempelajari teks bacaan

Kurikulum pengajaran pada bagian ini, terutama didasarkan atas tiga pertimbangan sebagai berikut:

(1) Keseluruhan proses pengajaran meliputi pengajaran dari lingkup yang luas hingga lingkup kecil, kemudian diulang kembali dari lingkup kecil ke lingkup yang luas. Pembelajaran dimulai dari memahami makna teks bacaan secara garis besar, yang merupakan kesempatan bagi para murid untuk melalui bacaan mempelajari kalimat, tata bahasa, kosakata; lalu diikuti oleh pemahaman terhadap detail bagian lingkup kecil (per paragraf) seperti arti kosakata, kalimat, sehingga dapat mencapai pemahaman dan penguasaan isi teks bacaan secara menyuluruh.

(2) Tingkat kesulitan dan kerumitan meningkat secara bertahap. Murid belajar dimulai dari membaca dengan cepat, sebagai persiapan untuk sesi mendengarkan materi; setelah mendengarkan diikuti dengan menjawab pertanyaan, secara bertahap murid dapat memahami materi pembelajaran (arti teks bacaan, tata bahasa, dan kosakata); setelah membaca teks dengan cepat, mendengar, dan mengikuti guru membaca, dilanjutkan dengan murid membaca sekali lagi teks bacaan, sehingga dapat mengokohkan kemampuan dasar dalam peningkatan kualitas membaca, dan juga agar dapat menceritakan kembali teks bacaan dengan lebih lancar.

(3) Tujuan mempelajari teks bacaan adalah agar murid dapat dengan lancar menceritakan kembali isi teks bacaan. Ini menunjukkan bahwa mereka telah mengerti isi teks bacaan, menguasai tata bahasa, struktur kalimat, dan kosakata yang telah dipelajari.

c. Belajar tata bahasa

Pengajaran tata bahasa menitikberatkan pada makna dan struktur, dengan makna sebagai prioritas, proses pembelajaran ditujukan ke pemahaman terhadap makna tata bahasa.

(1) Makna sebagai prioritas berarti contoh penggunaan dan pelatihan dari tata bahasa bukanlah suatu bahasa buatan yang dibuat untuk menerapkan aturan tata bahasa, namun lebih kepada penggunaan kalimat sehari-hari yang bermakna, menarik, dan memiliki nilai komunikatif. Tujuan mempelajari kalimat-kalimat ini agar dapat meningkatkan kemampuan komunikasi, dan tidak hanya demi untuk mempelajari tata bahasa dan kosakata.

(2) Proses pembelajaran struktur tata bahasa dan kosakata yaitu murid mencari inti sari bentuk kalimat melalui pemahaman makna kalimat dan penggunaan kalimat untuk berkomunikasi sebagai dasarnya; melalui perenungan meningkatkan penghafalan dan penguasaan cara penggunaan.

(3) By reading aloud, analyzing and doing exercises on the structures, students will get familiar with and master the sentence structures and strive to achieve proficiency in using them.

d. Belajar kosakata dan karakter Mandarin

Ideologi utama dari pembelajaran kosakata dan karakter Mandarin yaitu pemahaman terhadap struktur semantik dan sintaksis, sehingga meningkatkan dan membantu penghafalan, contoh:

(1) Melalui beragam cara, membantu murid merangkum kembali kosakata yang pernah dipelajari.

(2) Ilustrasi digunakan pada latihan tertentu untuk membantu menghubungkan dengan kosakata yang disediakan; terdapat latihan yang terkait, yang mana dirancang untuk membantu murid menguasai penggunaan kosakata tersebut.

(3) Melalui analisa struktur kata dan karakter Mandarin, murid dapat lebih mengerti prinsip dasar pembentukan bahasa dan karakter Mandarin.

Dalam pembelajaran kosakata dan karakter Mandarin, ada dua hal yang perlu diperhatikan: ① Dikarenakan ingin menampilkan pola atau aturan kosakata dan karakter Mandarin, maka kosakata, karakter Mandarin pada bagian latihan seringkali tidak sama dengan kosakata pada teks bacaan. Walaupun hal ini tidaklah terlalu ideal, "Memperhatikan satu hal, dan mengabaikan yang lain" kadang kala adalah pilihan yang terbaik. ② Di dalam latihan tidak ada perbedaan yang tegas antara konsep "kata" dan "morfem", contoh: "Kata-kata yang dibentuk dari karakter Mandarin", hal ini dilihat dari sudut pandang penggunaan karakter Mandarin, tetapi juga menjelaskan arti dari pembentukan kata.

e. Kegiatan komunikasi

Tujuan kegiatan komunikasi yaitu menggunakan kosakata, tata bahasa, topik bahasan dalam tiap bab nya ke dalam komunikasi nyata sehari-hari.

Dua jenis kegiatan komunikasi menggunakan cara kegiatan per kelompok, dalam jenis kegiatan ini, murid tidak hanya harus mengucapkan kalimat secara benar, tetapi juga harus dapat belajar menguasai aturan penggunaan bahasa, trik-trik berkomunikasi, sehingga meningkatkan kemampuan berkomunikasi menggunakan bahasa Mandarin di dunia nyata.

目录

课号	标题	语言点	词汇和汉字	页码
1	孔子	(1) 由 (2) X 对 Y 产生影响	(1) 主题词汇：专家 (2) 构　　词："子"	2
2	手机短信	(1) 通过 (2) 越来越	(1) 主题词汇：地点 2 (2) 构　　词："面"	6
3	空马车	(1) 除了 X 以外，还 Y (2) 越 X 越 Y	(1) 主题词汇：植物 (2) 构　　字："艹""⺮""宀""艹""一"	10
4	海洋馆的广告	(1) 眼看 (2) 到处	(1) 主题词汇：人体部位 2 (2) 常用汉字 6	14
5	筷子	(1) v. + 出来 (2) 按照	(1) 词　　类：动词 (2) 构　　词："生"	18
6	慢生活	(1) 应该 (2) 不只 X，还 Y	(1) 主题词汇：社区 (2) 构　　字："廴""辶"	22
7	剪裤子	(1) 为了 (2) v. + 起	(1) 主题词汇：时间 (2) 构　　字："心""忄"	26
8	吐鲁番	(1) 称为 (2) 当……的时候	(1) 主题词汇：水果 (2) 常用汉字 7	30
9	坐电梯	(1) 除非……才…… (2) 只	(1) 主题词汇：房间 (2) 构　　字："士""土"	34
10	有趣的谐音词	(1) 使 (2) 而	(1) 主题词汇：生活用品 (2) 构　　字："礻""衤"	38
11	海豚和鲨鱼	(1) 朝 (2) 只要 X，就 Y	(1) 主题词汇：动物 (2) 构　　词："灬""火"	42
12	什么也没做	(1) 连……都/也…… (2) 总是	(1) 主题词汇：服饰 (2) 常用汉字 8	46
13	老年人的休闲生活	(1) 有的……有的…… (2) 一边……一边……	(1) 主题词汇：不同年龄的人 (2) 构　　词："老"	50
14	青藏铁路	(1) ……的话 (2) 甚至	(1) 主题词汇：地理 (2) 构　　词："年"	54
15	地球一小时	(1) 或者 A 或者 B (2) v. + 上	(1) 主题词汇：娱乐 (2) 汉　　字：易混淆的汉字 4	58
16	母亲水窖	(1) 大都 (2) 不得不	(1) 词　　汇：反义词 (2) 常用汉字 9	62
17	月光族	(1) 只有 X，才 Y (2) 不仅 X，还 Y	(1) 词　　类：量词 (2) 汉　　字：特殊结构	66
18	细心	(1) 都 (2) 对……来说	(1) 词　　汇：成语 (2) 构　　词："会"	70
19	丝绸之路	(1) 把 + X + v. + 为 + Y (2) 几乎	(1) 主题词汇：国家 (2) 汉　　字：多音字	74
20	汉语和唐人街	(1) 来自 (2) 所 + v. + 的	(1) 主题词汇：中国的朝代 (2) 常用汉字 10	78
	繁体课文/82	生词表/86		

Daftar Isi

Bab	Title	Tata Bahasa	Kosa kata dan Karakter	Halaman
1	Konfusius	(1) Kata depan "由"(oleh) (2) Ungkapan "X对Y产生影响" (X berpengaruh terhadap Y)	(1) Kosakata: ahli (2) Membentuk kata: "子"	2
2	SMS	(1) Kata depan "通过" (via, melalui) (2) Ungkapan "越来越" (semakin lama semakin)	(1) Kosakata: tempat 2 (2) Membentuk kata: "面"	6
3	Kereta kuda kosong	(1) Struktur "除了X以外，还Y" (selain X, juga Y) (2) Struktur "越X越Y" (makin X makin Y)	(1) Kosakata: tumbuhan (2) Membentuk karakter: "⺌" "穴" "宀" "⺍" dan "冖"	10
4	Iklan museum maritim	(1) Kata keterangan "眼看" (segera) (2) Kata keterangan "到处" (di mana-mana)	(1) Kosakata: bagian tubuh manusia 2 (2) Karakter umum Mandarin 6	14
5	Sumpit	(1) Struktur "Kata kerja + 出来" (2) Kata depan "按照" (berdasarkan)	(1) Jenis kata: kata kerja (2) Membentuk kata: "生"	18
6	Hidup lambat	(1) Kata kerja "应该" (2) Struktur "不只X, 还Y" (tidak hanya X, tetapi juga Y)	(1) Kosakata: komunitas (2) Membentuk karakter: "又" dan "辶"	22
7	Memendekkan celana	(1) Kata depan "为了" (untuk) (2) Struktur "Kata kerja + 起"	(1) Kosakata: waktu (2) Membentuk karakter: "心" dan "忄"	26
8	Turpan	(1) Ungkapan "称为"(disebut, dipanggil) (2) Ungkapan "当……的时候" (saat…)	(1) Kosakata: buah-buahan (2) Karakter umum Mandarin 7	30
9	Naik lift	(1) Struktur "除非……才……"(kecuali) (2) Kata keterangan "只" (hanya)	(1) Kosakata: kamar (2) Membentuk Karakter : "士" dan "土"	34
10	Kata homofon yang menarik	(1) Kata kerja "使" (menyebabkan) (2) Kata hubung "而"(dan)	(1) Kosakata: barang kebutuhan sehari-hari (2) Membentuk Karakter: "礻" dan "衤"	38
11	Lumba-lumba dan ikan hiu	(1) Kata depan "朝" (mengarah) (2) Struktur "只要X, 就Y" (asalkan X, maka Y)	(1) Kosakata: binatang (2) Membentuk Karakter: "灬" kata "火"	42
12	Tidak melakukan apa-apa	(1) Struktur "连……都/也……" (bahkan…) (2) Kata keterangan "总是"(selalu)	(1) Kosakata: pakaian dan aksesoris (2) Karakter umum Mandarin 8	46
13	Kehidupan waktu santai orang lanjut usia	(1) Struktur "有的……有的……" (ada yang… ada yang…) (2) Struktur "一边……一边……" (…sembari…)	(1) Kosakata: orang-orang dengan usia yang berbeda (2) Membentuk kata: "老"	50
14	Jalur kereta Qinghai-Tibet	(1) Partikel "……的话" (jika) (2) Kata keterangan "甚至" (bahkan)	(1) Kosakata: geografi (2) Membentuk kata: "年"	54
15	Jam Bumi	(1) Struktur "或者A或者B"(A atau B) (2) Struktur "Kata kerja + 上"	(1) Kosakata: hiburan (2) Karakter Mandarin membingungkan 4	58
16	Penampungan Air untuk Ibu	(1) Kata keterangan "大都"（kebanyakan, mayoritas） (2) Ungkapan "不得不" (mau tidak mau)	(1) Kosakata: lawan kata (2) Karakter umum Mandarin 9	62
17	Kalangan Cahaya Bulan	(1) Struktur "只有X, 才Y" (hanya jika X, maka Y) (2) Struktur "不仅X, 还Y"(tidak hanya X, tetapi juga Y)	(1) Jenis kata: kata bantu bilangan (2) Karakter Mandarin: struktur khusus	66
18	Teliti	(1) Kata keterangan "都" (semua) (2) Ungkapan "对……来说" (untuk, bagi)	(1) Kosakata: peribahasa (2) Membentuk kata: "会"	70
19	Jalur Sutra	(1) Struktur "把 + X + Kata kerja + 为 + Y" (2) Kata keterangan "几乎" (hampir)	(1) Kosakata: negara (2) Karakter Mandarin: karakter dengan multi pelafalan	74
20	Bahasa Mandarin dan Pecinan	(1) Kata kerja "来自" (berasal dari) (2) Struktur "所 + Kata kerja + 的"	(1) Kosakata: dinasti-dinasti dalam sejarah Tiongkok (2) Karakter umum Mandarin 10	78
	Teks Bacaan Aksara Tradisional /82	**Daftar Kosakata Baru**/86		

Bab 1

Kǒngzǐ
孔子
Konfusius

1 Teks 课文

借助生词表，快速浏览课文后回答问题：孔子有多少个学生？ 01-1

Dengan bantuan daftar kosakata, baca sekilas bacaan, kemudian jawab pertanyaan: Konfusius memiliki berapa banyak murid?

Kǒngzǐ xìng Kǒng, míng Qiū, shì Zhōngguó zhùmíng de
孔子姓孔，名丘，是中国著名的
sīxiǎngjiā、jiàoyùjiā。"Kǒngzǐ" shì rénmen duì tā
思想家、教育家。"孔子"是人们对他
de zūnchēng, "zǐ" de yìsi shì "yǒu xuéwen de rén"。
的尊称，"子"的意思是"有学问的人"。
Kǒngzǐ shì Zhōngguó dì-yī wèi zài mínjiān kāibàn xuéxiào
孔子是中国第一位在民间开办学校
de rén。Tā yǒu sān qiān duō gè xuésheng, qízhōng zuì yǒu míng
的人。他有三千多个学生，其中最有名
de yǒu qīshí'èr gè。Tā tíchūle "yǒu jiào-wúlèi"
的有72个。他提出了"有教无类"
"wēngù-zhīxīn" děng jiàoyù sīxiǎng。
"温故知新"等教育思想。
Yóu Kǒngzǐ de xuésheng biānzuǎn de 《Lúnyǔ》
由孔子的学生编纂的《论语》
yì shū, jìzǎile Kǒngzǐ zhǔzhāng de Rújiā sīxiǎng。
一书，记载了孔子主张的儒家思想。
Rújiā sīxiǎng duì Zhōngguó shèhuì fāzhǎn chǎnshēngle
儒家思想对中国社会发展产生了
shēnyuǎn de yǐngxiǎng。
深远的影响。

Jawab pertanyaan 回答问题

Kǒngzǐ de míngzi shì shénme?
1. 孔子的名字是什么？

Kǒngzǐ shì shénme rén?
2. 孔子是什么人？

Wèi shénme rénmen jiào tā "Kǒngzǐ"?
3. 为什么人们叫他"孔子"？

Kǒngzǐ shì Zhōngguó dì-yī wèi shénme rén?
4. 孔子是中国第一位什么人？

Kǒngzǐ yǒu duōshao gè xuésheng?
5. 孔子有多少个学生？

Kǒngzǐ tíchūle shénme jiàoyù sīxiǎng?
6. 孔子提出了什么教育思想？

《Lúnyǔ》shì yóu shéi biānzuǎn de? Jìzǎile shénme?
7. 《论语》是由谁编纂的？记载了什么？

Rújiā sīxiǎng duì shénme chǎnshēngle yǐngxiǎng?
8. 儒家思想对什么产生了影响？

2 Kosakata baru 生 词 01-2

1. 名 míng v. nama
2. 思想家 sīxiǎngjiā n. ideologis, ahli filsafat, ahli pikir
   思想 sīxiǎng n. ideologi, filsafat
3. 教育家 jiàoyùjiā n. pendidik, pengajar
   教育 jiàoyù n. pendidikan
4. 尊称 zūnchēng n. panggilan kehormatan, gelar
5. 学问 xuéwen n. pengetahuan
6. 民间 mínjiān n. masyarakat, rakyat
7. 开办 kāibàn v. mendirikan, membuka
8. 提出 tíchū mengajukan, mengusulkan
9. 有教无类 yǒujiào-wúlèi pendidikan tanpa diskriminasi
10. 温故知新 wēngù-zhīxīn memperoleh wawasan baru dengan meninjau materi lama
11. 由 yóu p. oleh (seseorang)
12. 编纂 biānzuǎn v. menyusun
13. 记载 jìzǎi v. mencatat
14. 主张 zhǔzhāng v. memegang (pandangan)
15. 儒家思想 Rújiā sīxiǎng ajaran Konfusius
16. 社会 shèhuì n. masyarakat
17. 发展 fāzhǎn v. berkembang
18. 深远 shēnyuǎn a. mendalam, dalam

Kata benda spesifik 专有名词

1. 孔子 Kǒngzǐ Konfusius
2. 孔丘 Kǒng Qiū Kong Qiu, nama asli Konfusius
3. 《论语》《Lúnyǔ》 *Analek Konfusius*, buku yang mencatat ajaran Konfisius dan muridnya
4. 儒家 Rújiā Ajaran Konfusius

3 Catatan 注 释

1. 由孔子的学生编纂的《论语》一书，记载了孔子主张的儒家思想。

   Kata depan "由" menunjukkan kata benda atau kata ganti yang mengikutinya adalah pelaku tindakan.

2. 儒家思想对中国社会发展产生了深远的影响。

   Ungkapan "X对Y产生影响" berarti X menyebabkan Y untuk berubah atau X memberikan pengaruh ke Y.

4 Menceritakan kembali teks bacaan 复述课文

孔子姓……，名……，是中国著名的……。"孔子"是人们……，"子"的意思是……。孔子是中国第一位……。他有……，其中……。他提出了……等教育思想。由……编纂的……一书，记载了……。儒家思想对……产生了……的影响。

5 Bacaan dalam bahasa Indonesia 译 文

Konfusius bermarga Kong, bernama Qiu, adalah seorang ahli filsafat dan pendidik ternama Tiongkok. "Kongzi" adalah gelar yang diberikan orang-orang kepadanya, "Zi" berarti "orang terpelajar".

Konfusius adalah orang Tiongkok pertama yang membuka sekolah rakyat. Dia memiliki lebih dari 3000 murid, di antaranya ada 72 murid yang menjadi terkenal. Dia yang mengajukan ideologi pendidikan seperti "Pendidikan tanpa diskriminasi", "Memperoleh wawasan baru dengan meninjau materi lama", dan ideologi pendidikan lainnya.

Analek Konfusius yang disusun oleh murid Konfusius, mencatat pemikiran-pemikiran dari ajaran Konfusius. Ajaran Konfusius memiliki pengaruh yang sangat dalam terhadap perkembangan masyarakat Tiongkok.

6 Tata bahasa 学习语法

（一）由 01-3

1. 朗读下列句子，画出"由"后面的名词短语或代词。 Bacalah kalimat di bawah ini, dan tandai kata benda (frasa) atau kata ganti yang berada di belakang "由".

（1）由 孔子的 学生 编纂的《论语》一书，记载了孔子 主张 的儒家思想。

（2）2008 年的奥运会是 由北京 举办的。

（3）现在的很多疾病都是由 环境问题 引起的。

（4）网站 的问题由他们来解决，你 就 放心 吧。

（5）我的婚姻 由我 自己 做主。

2. 把"由"放入句中正确的位置，然后朗读。 Letakkan "由" pada posisi yang tepat, kemudian bacalah.

（1）老李的病_a_是_(b)_感冒_c_引起的。

（2）这 张画儿是_a_一位_b_年轻画家_c_画的。

（3）这个 任务是_a_小 张_b_来_c_完成 的。

（4）中国人 常常 说，_a_今天的 晚饭_b_我_c_买单。

（5）女儿总是 说："_a_我的事情_b_我 自己_c_决定。"

（二）X对Y产生影响 01-4

1. 朗读下列句子，画出X和Y。 Bacalah kalimat di bawah ini, dan tandai X dan Y.

（1）儒家思想 对 中国 社会发展 产生了 深远 的 影响。
     X   Y

（2）网络 对人们的 生活 方式 产生了 很大影响。

（3）家庭 环境 对他的性格 产生了 很大影响。

（4）文化 交流对两个国家的关系 产生了积极 影响。

（5）他最近感觉很郁闷，这对他的 工作 产生了 很大影响。

2. 根据图片，用"X对Y产生影响"完成句子，然后朗读。 Lengkapilah kalimat dengan menggunakan "X对Y产生影响" berdasarkan gambar yang diberikan, kemudian bacalah.

（1）学 汉语<u>对本杰明的 生活 产生了 很大影响</u>。

（2）不好的 生活 习惯会_____。

（3）大雪天气_____。

（4）不同的 颜色会_____。

（5）手机_____。

Kosakata tambahan 扩展生词  01-5

1. 举办　jǔbàn　v.　menyelenggarakan (rapat, acara, dll.)
2. 疾病　jíbìng　n.　penyakit
3. 网站　wǎngzhàn　n.　situs web
4. 做主　zuò zhǔ　v.　memutuskan, memegang keputusan
5. 方式　fāngshì　n.　cara, metode
6. 交流　jiāoliú　v.　berkomunikasi
7. 积极　jījí　a.　positif, aktif
8. 感觉　gǎnjué　v.　merasakan
9. 郁闷　yùmèn　a.　murung, depresi, gundah

Kata benda spesifik 专有名词

奥运会　Àoyùnhuì　Olimpiade

7 Pembelajaran kosakata dan karakter Mandarin 学习词汇和汉字

1. 朗读下列词语，然后为它们选择相应的图片。Bacalah kata-kata di bawah ini, kemudian isilah pada gambar yang sesuai.

   a. 画家 (huàjiā)　　f. 科学家 (kēxuéjiā)
   b. 作家 (zuòjiā)　　g. 音乐家 (yīnyuèjiā)
   c. 文学家 (wénxuéjiā)　　h. 艺术家 (yìshùjiā)
   d. 书法家 (shūfǎjiā)　　i. 思想家 (sīxiǎngjiā)
   e. 教育家 (jiàoyùjiā)

2. 说说你知道的名人，他们都是什么"家"。
   Sebutkan orang-orang terkenal yang kamu ketahui, mereka termasuk "家" apa.

3. 朗读下列词语，想想每组有什么共同点。Bacalah kata-kata di bawah ini, cari persamaan yang ada pada tiap kelompok.

   （1）裤子 (kùzi)　裙子 (qúnzi)　　（4）肚子 (dùzi)　嗓子 (sǎngzi)
   （2）筷子 (kuàizi)　扇子 (shànzi)　　（5）孩子 (háizi)　小伙子 (xiǎohuǒzi)
   （3）包子 (bāozi)　饺子 (jiǎozi)　　（6）孔子 (Kǒngzǐ)　老子 (Lǎozǐ)　孙子 (Sūnzǐ)

   Catatan
   老子　Lao-Tzu, bapak Taoisme
   孙子　Sun-Tzu, ahli strategi dan filsuf Tiongkok jaman kuno.

8 Aktivitas Berkomunikasi 交际活动

1. 跟同伴编一段介绍孔子的对话。（8－10句）Buatlah percakapan bersama dengan temanmu untuk memperkenalkan Konfusius. (8-10 kalimat)

2. 介绍你们国家一个著名的历史人物。Perkenalkan tokoh sejarah terkenal negaramu.

Bab 2

Shǒujī duǎnxìn
手机短信
SMS

1 Teks 课文 借助生词表，快速浏览课文后回答问题：手机短信能做什么？ 02-1

Dengan bantuan daftar kosakata, baca sekilas bacaan, kenudian jawab pertanyaan: Apa saja yang dapat dilakukan dengan SMS?

Jù tǒngjì, zài Zhōngguó, rénmen píngjūn měi tiān
据统计，在中国，人们平均每天
fāsòng sān yì duō tiáo shǒujī duǎnxìn.
发送3亿多条手机短信。

Shǒujī duǎnxìn yǒu hěn duō gōngnéng, bǐrú yìxiē
手机短信有很多功能，比如一些
dāng miàn bù fāngbiàn shuō de huà, kěyǐ tōngguò duǎnxìn
当面不方便说的话，可以通过短信
lái shuō; dān xīn biérén bù fāngbiàn jiē diànhuà, kěyǐ
来说；担心别人不方便接电话，可以
tōngguò duǎnxìn gàosu duìfāng; jiérì li, rénmen kěyǐ
通过短信告诉对方；节日里，人们可以

tōngguò duǎnxìn biǎodá wènhòu; lìngwài, rénmen
通过短信表达问候；另外，人们
hái chángcháng tōngguò hùxiāng zhuǎnfā yōumò duǎnxìn,
还常常通过互相转发幽默短信，
fēnxiǎng kuàilè.
分享快乐。

Zài Zhōngguó, shǒujī duǎnxìn yuèláiyuè chéngwéi
在中国，手机短信越来越成为
rénmen shēnghuó zhōng zhòngyào de yí bùfen.
人们生活中重要的一部分。

Jawab pertanyaan

Zhōngguórén píngjūn měi tiān fā duōshao tiáo duǎnxìn?
1. 中国人平均每天发多少条短信？

Shǒujī duǎnxìn de gōngnéng duō ma?
2. 手机短信的功能多吗？

Rúguǒ yǒuxiē huà dāng miàn bù fāngbiàn shuō, kěyǐ
3. 如果有些话当面不方便说，可以
zěnme bàn?
怎么办？

Rúguǒ dān xīn biérén bù fāngbiàn jiē diànhuà, kěyǐ
4. 如果担心别人不方便接电话，可以

zěnme bàn?
怎么办？

Jiérì li, rénmen fā duǎnxìn zuò shénme?
5. 节日里，人们发短信做什么？

Lìngwài, rénmen hái kěyǐ fā duǎnxìn zuò shénme?
6. 另外，人们还可以发短信做什么？

Duǎnxìn duì Zhōngguórén zhòngyào ma?
7. 短信对中国人重要吗？

2 Kosakata baru 生词 02-2

1. 据 jù p. berdasarkan
2. 统计 tǒngjì v. statistik
3. 发送 fāsòng v. memberikan, mengirim
4. 功能 gōngnéng n. fungsi
5. 比如 bǐrú v. contoh, misal
6. 当面 dāng miàn adv. berhadapan muka
7. 通过 tōngguò p. melalui
8. 担心 dān xīn v. khawatir
9. 别人 biérén pron. orang lain
10. 对方 duìfāng n. pihak lain
11. 表达 biǎodá v. mengungkapkan
12. 问候 wènhòu v. menyapa, memberi salam
13. 互相 hùxiāng adv. saling
14. 转发 zhuǎnfā v. meneruskan (informasi, dll.)
15. 分享 fēnxiǎng v. berbagi
16. 越来越 yuèláiyuè semakin lama semakin
17. 成为 chéngwéi v. menjadi
18. 部分 bùfen n. bagian

3 Catatan 注释

1. 比如一些当面不方便说的话，可以通过短信来说

   Kata depan "通过" menunjukkan kata benda atau kata ganti yang mengikutinya adalah cara atau metode untuk mencapai sesuatu.

2. 手机短信越来越成为人们生活中重要的一部分。

   Ungkapan "越来越" menunjukkan suatu situasi berkembang seiring berjalannya waktu, semakin lama semakin seperti yang apa yang ditunjukkan.

4 Menceritakan kembali teks bacaan 复述课文

据统计，在中国，人们平均每天……。

手机短信……，比如一些……，可以……来说；担心别人……，可以通过……；节日里，人们……；另外，人们还……，分享快乐。

在中国，手机短信越来越……一部分。

5 Bacaan dalam bahasa Indonesia 译文

Berdasarkan statistik, terdapat 300 juta SMS yang dikirim tiap harinya di Tiongkok.

SMS memiliki banyak fungsi, misalnya ada kata-kata yang tidak leluasa untuk diucapkan secara langsung melalui tatap muka, dapat menyampaikannya melalui SMS; di saat khawatir orang lain tidak praktis menerima telepon dapat melalui SMS untuk memberitahunya; pada perayaan hari raya, orang-orang dapat menyampaikan ucapan selamat melalui SMS; selain itu, orang-orang juga sering saling mengirimkan SMS lelucon, berbagi kebahagiaan.

Di Tiongkok, SMS semakin menjadi bagian yang penting dari kehidupan.

6 Tata bahasa 学习语法

（一）通过 02-3

1. 朗读下列句子，画出句子的主语。Bacalah kalimat di bawah ini, dan tandai subjek kalimatnya.

（1）节日里，<u>人们</u>可以通过短信表达问候。

（2）今后我们可以通过电子邮件联系。

（3）通过调查，政府终于了解了这家公司倒闭的原因。

（4）通过多次讨论，大家终于解决了这个问题。

（5）现在人们可以通过互联网获得很多信息。

2. 连线成句，然后朗读。Hubungkan menjadi sebuah kalimat, kemudian bacalah.

（1）通过看中文电影 —— 我对那位作家有了更多的了解

（2）通过朋友介绍 —— 汽车的颜色和安全关系很大

（3）通过采访 —— 他终于找到了理想的工作

（4）通过自己的努力 —— 大卫的听力提高得很快

（5）通过研究，人们发现 —— 我认识了现在的女朋友

（二）越来越 02-4

1. 朗读下列句子，画出"越来越"后面的形容词或动词。Bacalah kalimat di bawah ini, dan tandai kata sifat atau kata kerja yang berada di belakang "越来越".

（1）在中国，手机短信越来越<u>成为</u>人们生活中重要的一部分。
　　　　　　　　　　　　　　　　v.

（2）小明长得越来越高，人也越来越帅了。

（3）城市里的汽车越来越多，城市交通也越来越拥挤了。

（4）我发现，我越来越不了解他了。

（5）最近经济不景气，公司经营越来越困难。

2. 根据图片，用"越来越"完成句子，然后朗读。Lengkapilah kalimat menggunakan "越来越" berdasarkan gambar yang diberikan, kemudian bacalah.

（1）妹妹长得<u>越来越漂亮了</u>。

（2）本杰明_____。

（3）世界的人口_____，世界变得_____小了。

（4）大卫以前不爱吃饺子，现在却_____。

（5）公司的事_____，她越来越忙。

Kosakata tambahan 扩展生词  02-5

1. 今后 jīnhòu n. mulai dari hari ini
2. 联系 liánxì v. menghubungi
3. 政府 zhèngfǔ n. pemerintah
4. 互联网 hùliánwǎng n. internet
5. 获得 huòdé v. memperoleh
6. 信息 xìnxī n. informasi
7. 拥挤 yōngjǐ a. berdesak-desakan, sesak
8. 经济 jīngjì n. ekonomi
9. 不景气 bù jǐngqì resesi, lesu, sepi
10. 经营 jīngyíng v. mengelola
11. 困难 kùnnan a. kesulitan

7 Pembelajaran kosakata dan karakter Mandarin 学习词汇和汉字

1. 朗读下列词语，然后把它们填到图中相应的位置。Bacalah kata-kata di bawah ini, kemudian isilah pada gambar yang sesuai.

   a. 马路 (mǎlù) b. 路口 (lùkǒu) c. 咖啡馆儿 (kāfēiguǎnr) d. 火车站 (huǒchēzhàn) e. 地铁站 (dìtiězhàn) f. 花园 (huāyuán)
   g. 公园 (gōngyuán) h. 饭馆儿 (fànguǎnr) i. 集市 (jíshì) j. 工厂 (gōngchǎng) k. 茶馆儿 (cháguǎnr) (kedai teh)

2. 根据上面的图进行描述。Jelaskan lokasinya berdasarkan gambar di atas.

   Contoh：（1）咖啡馆儿在花园旁边。(Kāfēiguǎnr zài huāyuán pángbiān.) （2）第一个路口左拐，地铁站在马路左边。(Dì-yī ge lùkǒu zuǒguǎi, dìtiězhàn zài mǎlù zuǒbian.)

3. 朗读下列词语，然后根据"面"的意思给词语分类。Bacalah kata-kata di bawah ini, kemudian kelompokkan berdasarkan arti kata"面".

   a. 前面 (qiánmiàn) b. 表面 (biǎomiàn) c. 见面 (jiàn miàn) d. 面包 (miànbāo) e. 面积 (miànjī)
   f. 面条儿 (miàntiáor) g. 当面 (dāng miàn) h. 后面 (hòumiàn) i. 炸酱面 (zhájiàngmiàn) j. 外面 (wàimiàn)

   （1）前面 _____ _____   （3）见面 _____ _____
   （2）表面 _____ _____   （4）面包 _____ _____

Aktivitas Berkomunikasi 交际活动

1. 三四人一组，每人写一条中文短信发给另外一个人，然后跟大家说说写了什么。Buatlah kelompok dengan 3-4 orang, setiap orang menulis sebuah SMS Mandarin untuk dikirim ke orang lain dalam kelompok, kemudian ceritakan apa yang kamu tulis.

2. 说说你一般用手机做什么，你希望手机还能做什么。Ceritakan biasanya kamu menggunakan ponsel untuk apa, kegunaan apalagi yang kamu harapkan dari ponsel?

9

Bab 3

Kōng mǎchē
空马车
Kereta kuda kosong

1 Teks 课文 借助生词表，快速浏览课文后回答问题：黑格尔跟父亲讨论什么问题？ 03-1

Dengan bantuan daftar kosakata, baca sekilas bacaan, kemudian jawab pertanyaan: Apa yang dibicarakan Hegel dengan ayahnya?

Yì tiān, yángguāng míngmèi, niánqīng de Hēigé'ěr
一天，阳光 明媚，年轻的黑格尔
péi fùqīn zài shùlín zhōng yōuxián de sàn bù.
陪父亲在树林中 悠闲地散步。

Zǒudào yí gè yōujìng de dìfang, fùqīn wèn tā:
走到一个幽静的地方，父亲问他：
"Chúle xiǎo niǎo de jiàoshēng yǐwài, nǐ hái tīngdàole
"除了小鸟的叫声以外，你还听到了
shénme?"
什么？"

Hēigé'ěr shuō: "Wǒ tīngdàole mǎchē de shēngyīn."
黑格尔说："我听到了马车的声音。"

Fùqīn shuō: "Duì, shì yí liàng kōng mǎchē."
父亲说："对，是一辆 空马车。"

Hēigé'ěr tīngle hěn jīngyà, tā wèn: "Nín
黑格尔听了很惊讶，他问："您
méi kàndào, zěnme zhīdao shì kōng mǎchē ne?"
没看到，怎么知道是空马车呢？"

Fùqīn shuō: "Cóng shēngyīn jiù néng fēnbiàn chulai,
父亲说："从 声音就能 分辨出来，
mǎchē yuè kōng, zàoshēng jiù yuè dà."
马车越空，噪声就越大。"

Jawab pertanyaan
回答问题

Hēigé'ěr hé fùqīn zài nǎr sàn bù?
1. 黑格尔和父亲在哪儿散步？

Fùqīn wèn Hēigé'ěr shénme?
2. 父亲问黑格尔什么？

Hēigé'ěr tīngdàole shénme?
3. 黑格尔听到了什么？

Fùqīn shuō shénme?
4. 父亲说什么？

Hēigé'ěr wèi shénme gǎndào hěn qíguài?
5. 黑格尔为什么感到很奇怪？

Fùqīn zěnme zhīdao shì kōng mǎchē?
6. 父亲怎么知道是空马车？

Nǐ zěnme lǐjiě "mǎchē yuè kōng, zàoshēng jiù yuè dà"?
7. 你怎么理解"马车越空，噪声就越大"？

2 Kosakata baru 生词 🔘 03-2

1. 阳光明媚　yángguāng míngmèi　hari yang cerah
   阳光　yángguāng　n.　sinar matahari
   明媚　míngmèi　a.　cerah, terang
2. 陪　péi　v.　menemani
3. 父亲　fùqīn　n.　ayah
4. 树林　shùlín　n.　hutan
5. 悠闲　yōuxián　a.　santai
6. 散步　sàn bù　v.　berjalan-jalan
7. 幽静　yōujìng　a.　sepi, sunyi
8. 除了……以外　chúle……yǐwài　selain
9. 鸟　niǎo　n.　burung
10. 叫声　jiàoshēng　n.　suara binatang (berkicau, dll.), suara
11. 马车　mǎchē　n.　kereta kuda
12. 空　kōng　a.　kosong
13. 惊讶　jīngyà　a.　kaget, terkejut
14. 分辨　fēnbiàn　v.　membedakan
15. 越……越……　yuè……yuè……　semakin... semakin...
16. 噪声　zàoshēng　n.　bising, suara berisik

Kata benda spesifik 专有名词

黑格尔　Hēigé'ěr　Hegel, filsuf Jerman

3 Catatan 注释

1. 除了小鸟的叫声以外，你还听到了什么？

   Struktur "除了X以外，还Y" menunjukkan bahwa X dan Y keduanya termasuk dan Y adalah tambahan untuk X. Kita juga dapat berkata "除了X，还Y".

2. 马车越空，噪声就越大。

   Struktur "越X越Y" menunjukkan Y perubahan dari X, X dan Y dapat berbagi satu subjek, seperti "雨越下越大", atau memiliki subjek yang berbeda, seperti "马车越空，噪声就越大".

4 Menceritakan kembali teks bacaan 复述课文

一天，……，年轻的……陪父亲……。
走到一个……，父亲问他："除了……，你还……？"
黑格尔说："我听到了……。"
父亲说："对，是……。"
黑格尔听了……，他问："您……，怎么……呢？"
父亲说："从……就能……，马车……，噪声就……。"

5 Bacaan dalam bahasa Indonesia 译文

Di suatu hari yang cerah, Hegel yang masih muda menemani ayahnya berjalan-jalan di tengah hutan.
Sampai di suatu tempat yang sepi, ayahnya bertanya kepadanya: "Selain suara burung kecil berkicau, suara apa lagi yang kamu dengar?"
Hegel berkata: "Saya mendengar suara kereta kuda."
Ayah berkata: "Betul, sebuah kereta kuda yang kosong."
Hegel terkejut mendengarnya, dia bertanya: "Ayah belum melihatnya, bagaimana ayah tahu itu adalah kereta kuda yang kosong?"
Ayah berkata: "Dari suaranya dapat dibedakan, kereta kuda semakin kosong, suara berisiknya semakin besar."

11

6 Tata bahasa 学习语法

（一）除了X以外，还Y 03-3

1. 朗读下列句子，画出X和Y。 Bacalah kalimat di bawah ini, dan tandai bagian X dan Y.

（1）除了 小鸟的 叫声 以外，你还 听到了 什么？
　　　　　　X　　　　　　　　　　Y

（2）除了 喜欢 游泳 以外，我还 喜欢 打 网球。

（3）她 除了 做过 服务员 以外，还 做过 售货员。

（4）这家 工厂，除了 生产 洗衣机 以外，还 生产 冰箱。

（5）过 中秋节 的时候，中国人 除了 吃月饼 以外，还要 赏月。

2. 根据提示词语，用"除了……还……"描述图片。 Deskripsikan gambar menggunakan "除了……还……", berdasarkan kata petunjuk yang diberikan.

（1）安妮 **除了会说法语以外，还会说德语**_____。（说 法语 德语）

（2）这次旅游，他_____，_____。（去 上海 杭州）

（3）这次 生病，她_____，还_____。（嗓子发炎 头疼）

（4）周末 他_____，_____。（打扫 房间 洗车）

（5）他_____，还_____。（是 歌星 大学教授）

（二）越X越Y 03-4

1. 朗读下列句子，画出句子的主语。 Bacalah kalimat di bawah ini, dan tandai subjek kalimatnya.

（1）马车 越 空，噪声 就越 大。

（2）雨 越 下 越 大。

（3）保持好的心态，就能 越活越 年轻。

（4）汉语 越学越有意思，越 有意思 我就越想学。

（5）"在家靠父母，出门靠朋友"，所以 朋友 越多 越好。

2. 用"越X越Y"组句，然后朗读。 Bentuklah sebuah kalimat menggunakan "越X越Y", kemudian bacalah.

（1）她 快 跑
　　 她越跑越快。

（2）开心 方方和姑妈 聊

（3）喜欢 我 听 这首歌

（4）风 刮 大

（5）说 妻子 就 生气 丈夫

Kosakata tambahan 扩展生词  03-5

1. 网球 wǎngqiú n. tenis
2. 售货员 shòuhuòyuán n. pelayan toko
3. 生产 shēngchǎn v. memproduksi
4. 洗衣机 xǐyījī n. mesin cuci
5. 月饼 yuèbing n. kue bulan
6. 赏月 shǎng yuè menikmati pemandangan bulan
7. 保持 bǎochí v. menjaga, mempertahankan
8. 心态 xīntài n. mentalitas, sikap pandang
9. 靠 kào v. bergantung pada
10. 父母 fùmǔ n. orang tua

7 Pembelajaran kosakata dan karakter Mandarin 学习词汇和汉字

1. 朗读下列词语，然后为它们选择相应的图片。Bacalah kata-kata di bawah ini, kemudian isilah pada gambar yang sesuai.

a. 树叶 shùyè
b. 树林 shùlín
c. 花儿 huār
d. 水稻 shuǐdào
e. 树枝 shùzhī (dahan, ranting)
f. 树 shù

2. 画一棵树，告诉你同桌树的各个部分的名称和颜色。
Gambarlah sebuah pohon, beritahu teman sebangkumu nama dan warna setiap bagian pohon.

3. 朗读下列汉字，然后根据共同部分给汉字分类，想想共同部分的意思。Bacalah karakter Mandarin di bawah ini, kemudian kelompokkan berdasarkan bagian yang sama, sebutkan arti bagian yang sama tersebut.

a. 常 cháng b. 窗 chuāng c. 客 kè d. 学 xué e. 突 tū f. 空 kōng/kòng g. 室 shì h. 穿 chuān i. 尝 cháng
j. 写 xiě k. 家 jiā l. 掌 zhǎng m. 赏 shǎng n. 安 ān o. 究 jiū p. 宫 gōng q. 容 róng r. 觉 jiào/jué

（1）常 ___ ___ ___ ___　　（4）学 ___
（2）窗 ___ ___ ___ ___　　（5）写 ___
（3）客 ___ ___ ___

8 Aktivitas Berkomunikasi 交际活动

1. 跟同伴分别扮演黑格尔和父亲，编一段8－10句的对话。Perankan tokoh Hegel dan ayah bersama dengan temanmu, dengan membuat 8-10 kalimat percakapan.

2. 介绍一个对你的成长影响比较大的人，说说为什么。Perkenalkan seseorang yang mempunyai pengaruh sangat besar dalam kehidupanmu dan jelaskan alasannya.

13

Hǎiyángguǎn de guǎnggào
海洋馆的广告
Iklan museum maritim

1 Teks 课文 借助生词表，快速浏览课文后回答问题：海洋馆有什么变化？ 04-1

Dengan bantuan daftar kosakata, baca sekilas bacaan, kemudian jawab pertanyaan: Perubahan apa yang terjadi pada museum maritim?

Wáng jīnglǐ zài nèilù chéngshì kāile yì jiā
王经理在内陆城市开了一家
hǎiyángguǎn, kěshì yóuyú ménpiào tài guì, cānguān
海洋馆，可是由于门票太贵，参观
de rén hěn shǎo, yǎnkàn jiù yào dǎobì le.
的人很少，眼看就要倒闭了。
Wáng jīnglǐ dàochù zhēngqiú hǎo diǎnzi, xiǎng
王经理到处征求好点子，想
ràng hǎiyángguǎn de shēngyi hǎo qilai.
让海洋馆的生意好起来。
Bùjiǔ, yí gè nǚjiàoshī chūxiàn zài Wáng jīnglǐ
不久，一个女教师出现在王经理
de bàngōngshì, shuō tā yǒu yí gè hǎo diǎnzi.
的办公室，说她有一个好点子。

Wáng jīnglǐ àn nǚjiàoshī de zhǔyi, dēngchūle
王经理按女教师的主意，登出了
xīn guǎnggào. Yí gè yuè hòu, hǎiyángguǎn tiāntiān
新广告。一个月后，海洋馆天天
bàomǎn, sān fēn zhī yī shì értóng, sān fēn zhī èr
爆满，三分之一是儿童，三分之二
shì jiāzhǎng. Sān gè yuè hòu, hǎiyángguǎn kāishǐ
是家长。三个月后，海洋馆开始
yínglì le.
赢利了。
Hǎiyángguǎn de guǎnggào zhǐ yǒu liù gè zì——
海洋馆的广告只有六个字——
"értóng cānguān miǎn fèi".
"儿童参观免费"。

Jawab pertanyaan

回答问题

Wáng jīnglǐ zài nǎr kāile yì jiā hǎiyángguǎn?
1. 王经理在哪儿开了一家海洋馆？

Hǎiyángguǎn wèi shénme yǎnkàn jiù yào dǎobì le?
2. 海洋馆为什么眼看就要倒闭了？

Wáng jīnglǐ zuòle shénme?
3. 王经理做了什么？

Shéi yǒu hǎo diǎnzi?
4. 谁有好点子？

Yí gè yuè hòu, hǎiyángguǎn zěnmeyàng le?
5. 一个月后，海洋馆怎么样了？

Sān gè yuè hòu ne?
6. 三个月后呢？

Hǎiyángguǎn de guǎnggào shì shénme?
7. 海洋馆的广告是什么？

2 Kosakata baru 生 词 04-2

1. 内陆　nèilù　n.　daratan
2. 开　kāi　v.　buka
3. 海洋馆　hǎiyángguǎn　n.　museum maritim
   海洋　hǎiyáng　n.　lautan, samudra
4. 由于　yóuyú　p.　karena
5. 眼看　yǎnkàn　adv.　segera
6. 到处　dàochù　adv.　di mana-mana
7. 征求　zhēngqiú　v.　mencari, mengumpulkan
8. 点子　diǎnzi　n.　ide, gagasan
9. 不久　bùjiǔ　a.　baru saja, tidak lama
10. 出现　chūxiàn　v.　muncul
11. 按　àn　p.　berdasarkan
12. 登　dēng　v.　memasang
13. 爆满　bàomǎn　v.　dipenuhi
14. 儿童　értóng　n.　anak-anak
15. 家长　jiāzhǎng　n.　orang tua, wali
16. 赢利　yínglì　v.　memperoleh keuntungan, laba

3 Catatan 注 释

1. 眼看就要倒闭了。
   Kata keterangan "眼看" menunjukkan sesuatu akan segera terjadi.

2. 王经理到处征求好点子
   Kata keterangan "到处" berarti "di mana-mana".

4 Menceritakan kembali teks bacaan 复述课文

　　王经理在……，可是由于……，参观……，眼看……。
　　王经理……，想让海洋馆……。
　　不久，一个女教师……，说她……。
　　王经理……，登出了……。一个月后，海洋馆……，三分之一……，……家长。三个月后，海洋馆……。
　　海洋馆的广告……"儿童……"。

5 Bacaan dalam bahasa Indonesia 译 文

　　Manajer Wang membuka sebuah museum maritim di salah satu kota di daratan Tiongkok, tetapi karena tiket masuknya terlalu mahal, pengunjung sangat sedikit, dan sepertinya akan segera bangkrut.
　　Manajer Wang mengumpulkan ide ke mana-mana, agar usaha museum maritim dapat bangkit kembali.
　　Tidak lama, seorang guru wanita datang ke kantor Manajer Wang, berkata bahwa dia memiliki ide yang bagus.
　　Manajer Wang mengikuti ide guru wanita tersebut memasang iklan baru. Sebulan kemudian, museum maritim setiap hari penuh pengunjung, sepertiganya adalah anak-anak, dan dua pertiganya orang tua. Tiga bulan kemudian, museum maritim mulai memperoleh keuntungan.
　　Iklan museum maritim tersebut hanya terdiri dari 6 kata — "Tiket masuk gratis untuk anak-anak".

6 Tata bahasa 学习语法

（一）眼看 04-3

1. 朗读下列句子，画出"眼看"后面的词语。Bacalah kalimat di bawah ini, dan tandai kata atau frasa yang berada di belakang "眼看".

   （1）海洋馆　眼看 <u>就要倒闭了</u>。
   Hǎiyángguǎn yǎnkàn jiù yào dǎobì le.

   （2）演出 眼看就要开始了，突然停电了。
   Yǎnchū yǎnkàn jiù yào kāishǐ le, tūrán tíng diàn le.

   （3）眼看就要天亮了，陈大夫的手术还没做完。
   Yǎnkàn jiù yào tiān liàng le, Chén dàifu de shǒushù hái méi zuòwán.

   （4）足球比赛眼看就要结束了，比分还是零比零。
   Zúqiú bǐsài yǎnkàn jiù yào jiéshù le, bǐfēn hái shì líng bǐ líng.

   （5）眼看就要毕业了，可是他的论文还没写完呢。
   Yǎnkàn jiù yào bìyè le, kěshì tā de lùnwén hái méi xiěwán ne.

2. 根据图片连线成句，然后朗读。Hubungkan menjadi sebuah kalimat, kemudian bacalah.

   （1）客人眼看就要到了　　　快回家吧
   kèren yǎnkàn jiù yào dào le / kuài huí jiā ba

   （2）手机眼看就没电了　　　妈妈还没有准备好晚饭
   shǒujī yǎnkàn jiù méi diàn le / māma hái méiyǒu zhǔnbèi hǎo wǎnfàn

   （3）眼看要下雨了　　　你有话快说吧
   yǎnkàn yào xià yǔ le / nǐ yǒu huà kuài shuō ba

   （4）天眼看就黑了　　　会议还没结束
   tiān yǎnkàn jiù hēi le / huìyì hái méi jiéshù

   （5）眼看就要下班了　　　别忘了带伞
   yǎnkàn jiù yào xià bān le / bié wàngle dài sǎn

（二）到处 04-4

1. 朗读下列句子，画出"到处"后面的词语。Bacalah kalimat di bawah ini, dan tandai kata atau frasa yang berada di belakang "到处".

   （1）王经理到处 <u>征求好点子</u>。
   Wáng jīnglǐ dàochù zhēngqiú hǎo diǎnzi.

   （2）汽车快没油了，可是到处都找不到加油站。
   Qìchē kuài méi yóu le, kěshì dàochù dōu zhǎo bu dào jiāyóuzhàn.

   （3）我想买他的专辑，可是到处都买不到。
   Wǒ xiǎng mǎi tā de zhuānjí, kěshì dàochù dōu mǎi bu dào.

   （4）李秘书的桌上有束花儿，不知道谁送的，她到处打听。
   Lǐ mìshū de zhuōshang yǒu shù huār, bù zhīdào shéi sòng de, tā dàochù dǎtīng.

   （5）这种植物在中国的南方到处都可以看到。
   Zhè zhǒng zhíwù zài Zhōngguó de nánfāng dàochù dōu kěyǐ kàndào.

2. 连线成句，然后朗读。Hubungkan menjadi sebuah kalimat, kemudian bacalah.

   （1）眼看要毕业了　　　你快给她回个电话吧
   yǎnkàn yào bìyèle / nǐ kuài gěi tā huí gè diànhuà ba

   （2）为了(demi, untuk)能租到一个好房子　　　姐姐到处找工作
   wèile néng zūdào yí gè hǎo fángzi / jiějie dàochù zhǎo gōngzuò

   （3）今天妈妈不在家　　　地铁站里到处都是人
   jīntiān māma bú zàijiā / dìtiězhàn li dàochù dōu shì rén

   （4）姐姐打电话到处找你　　　他到处找朋友帮忙
   jiějie dǎ diànhuà dàochù zhǎo nǐ / tā dàochù zhǎo péngyou bāngmáng

   （5）下班时间　　　家里到处乱七八糟的
   xià bān shíjiān / jiāli dàochù luànqībāzāo de

16

Kosakata tambahan 扩展生词  04-5

1. 天亮	tiān liàng	v.	fajar		加油	jiā yóu	v.	mengisi bensin
2. 比分	bǐfēn	n.	skor (pertandingan)	6.	专辑	zhuānjí	n.	album
3. 论文	lùnwén	n.	skripsi	7.	打听	dǎting	v.	bertanya, mencari info
4. 油	yóu	n.	bensin, minyak	8.	植物	zhíwù	n.	tumbuhan
5. 加油站	jiāyóuzhàn	n.	pom bensin	9.	南方	nánfāng	n.	selatan, daerah selatan suatu negara

7 Pembelajaran kosakata dan karakter Mandarin 学习词汇和汉字

1. 朗读下列词语，然后把它们填到相应的位置。Bacalah kata-kata di bawah ini, kemudian isilah pada gambar yang sesuai.

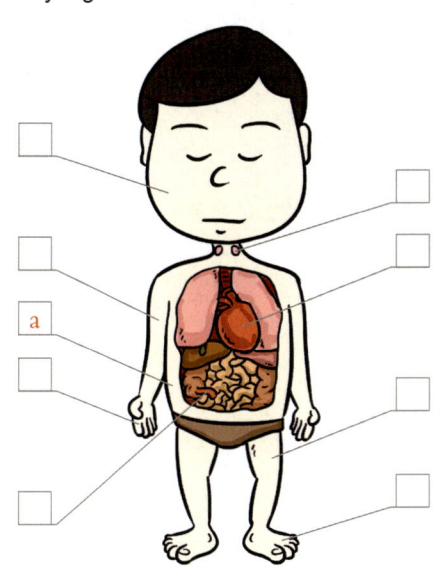

a. 肚子 dùzi　　f. 盲肠 mángcháng
b. 心脏 xīnzàng　g. 头 tóu
c. 手 shǒu　　　h. 脚 jiǎo
d. 腿 tuǐ　　　　i. 扁桃体 biǎntáotǐ
e. 胳膊 gēbo

2. 用上面的词语描写一下你自己身体的各个部分。
   Deskripsikan bagian-bagian tubuhmu menggunakan kata-kata di atas.

3. 朗读下列常用汉字，并组词。Bacalah karakter-umum Mandarin di bawah ini, dan kelompokkan menjadi kata. 04-6

jì	guǎn	qī	shì	zhí	dé	zī	mìng	shān	jīn
计	管	期	市	直	德	资	命	山	金
zhǐ	kè	xǔ	tǒng	qū	bǎo	zhì	duì	xíng	shè
指	克	许	统	区	保	至	队	形	社
biàn/pián	kōng/kòng	jué	zhì	zhǎn	mǎ	kē	sī	wǔ	jī
便	空	决	治	展	马	科	司	五	基
yǎn	shū	fēi	zé	tīng	bái	què	jiè	dá	guāng
眼	书	非	则	听	白	却	界	达	光
fàng	qiáng	jí	xiàng	nán/nàn	qiě	quán	sī	wáng	xiàng
放	强	即	像	难	且	权	思	王	象

8 Aktivitas Berkomunikasi 交际活动

1. 跟同伴编一段8－10句的对话，说说海洋馆的变化。Buatlah 8-10 kalimat percakapan bersama dengan temanmu mengenai perubahan museum maritim.

2. 说说你见过的最有意思的广告。Ceritakan iklan paling menarik yang pernah kamu lihat.

17

Bab 5

Kuàizi
筷子
Sumpit

1 Teks 课文

借助生词表，快速浏览课文后回答问题：中国人从什么时候开始用筷子吃饭？ 05-1

Dengan bantuan daftar kosakata, baca sekilas bacaan, kemudian jawab pertanyaan: Sejak kapankah orang Tiongkok mulai menggunakan sumpit untuk makan?

Chuánshuō, sìqiān duō nián qián, Yǔ dàilǐng rénmen
传说，四千多年前，禹带领人们
zhìlǐ Huáng Hé hóngshuǐ. Dàjiā měi tiān dōu jǐnzhāng de
治理黄河洪水。大家每天都紧张地
gōngzuò, fēicháng xīnkǔ.
工作，非常辛苦。

Yǒu yì tiān, tāmen gōngzuòle hěn cháng shíjiān,
有一天，他们工作了很长时间，
dōu èjí le, jiù zhǔ ròu chī. Ròu zhǔhǎo le, yīnwèi
都饿极了，就煮肉吃。肉煮好了，因为
hěn tàng, bù néng yòng shǒu názhe chī.
很烫，不能用手拿着吃。

Yǔ xiǎng chulai yí gè hǎo bànfǎ, zhǎo lái liǎng gēn
禹想出来一个好办法，找来两根
xiǎo shùzhī jiā ròu chī. Dàjiā dōu fēnfēn ànzhào tā de
小树枝夹肉吃。大家都纷纷按照他的
fāngfǎ chīqǐ ròu lai. Yòng kuàizi chī ròu, jì fāngbiàn
方法吃起肉来。用筷子吃肉，既方便
yòu bú tàng shǒu.
又不烫手。

Hòulái, rénmen zhújiàn kāishǐ yòng zhè zhǒng fāngfǎ
后来，人们逐渐开始用这种方法
chī fàn, kuàizi jiù zhème dànshēng le.
吃饭，筷子就这么诞生了。

Jawab pertanyaan 回答问题

Zhè shì shénme shíhou de gùshi?
1. 这是什么时候的故事？

Yǔ dàilǐng rénmen zuò shénme?
2. 禹带领人们做什么？

Dàjiā měi tiān gōngzuò zěnmeyàng?
3. 大家每天工作怎么样？

Nà tiān dàjiā wèi shénme è le?
4. 那天大家为什么饿了？

Èle yǐhòu dàjiā zuò shénme le?
5. 饿了以后大家做什么了？

Ròu zhǔhǎo le, wèi shénme bù néng yòng shǒu názhe chī?
6. 肉煮好了，为什么不能用手拿着吃？

Yǔ xiǎng chulai yí gè shénme bànfǎ chī ròu?
7. 禹想出来一个什么办法吃肉？

Yòng kuàizi chī ròu zěnmeyàng?
8. 用筷子吃肉怎么样？

Cóng zhè yǐhòu, rénmen zěnme chī fàn?
9. 从这以后，人们怎么吃饭？

2 Kosakata baru 生词 05-2

1. 带领　dàilǐng　v.　memimpin
2. 治理　zhìlǐ　v.　mengatur, mengatasi
3. 洪水　hóngshuǐ　n.　banjir
4. 煮　zhǔ　v.　masak, merebus
5. 肉　ròu　n.　daging
6. 烫　tàng　a./v.　panas, tersengat panas
7. 办法　bànfǎ　n.　cara
8. 根　gēn　n.(kbb)　*satuan untuk benda yang panjang tipis*
9. 树枝　shùzhī　n.　dahan, ranting
10. 夹　jiā　v.　menjepit
11. 纷纷　fēnfēn　adv.　satu per satu
12. 按照　ànzhào　p.　berdasarkan
13. 逐渐　zhújiàn　adv.　perlahan-lahan
14. 诞生　dànshēng　v.　lahir

Kata benda spesifik 专有名词

禹　Yǔ　Yu atau Yu yang Agung, penguasa legendaris di Tiongkok Kuno, pendiri Dinasti Xia.

3 Catatan 注释

1. 禹想出来一个好办法

   Struktur "Kata kerja+出来" menunjukkan suatu hasil didapatkan melalui suatu tindakan atau perilaku. Ini merupakan bentuk perluasan dari "出来".

2. 大家都纷纷按照他的方法吃起肉来。

   Kata depan "按照" (Kata depan) menunjukkan kata benda atau kata ganti di belakangnya adalah suatu metode atau standar yang diikuti.

4 Menceritakan kembali teks bacaan 复述课文

传说，……，禹带领……。大家每天……，……。
有一天，他们工作了……，都……，就……。肉煮……，因为……，不能……。
禹想……，找来……夹肉吃。大家都纷纷按照……。用筷子……，既……。
后来，人们逐渐……，筷子就……了。

5 Bacaan dalam bahasa Indonesia 译文

Konon, empat ribu tahun yang lalu, Yu memimpin masyarakat untuk mengatasi banjir dari sungai Kuning. Setiap hari mereka bekerja dengan keras.

Suatu hari, mereka menjadi sangat lapar setelah bekerja dalam waktu yang sangat panjang, maka mereka merebus daging. Ketika daging telah matang, karena terlalu panas, mereka tidak dapat langsung memakannya menggunakan tangan.

Yu menemukan suatu cara yang baik, mencari dua ranting pohon kecil, kemudian menjepit daging untuk makan. Semua orang satu per satu menggunakan caranya untuk memakan daging. Menggunakan sumpit untuk memakan daging, sangat praktis dan tangan tidak akan tersengat panas.

Sejak itu, orang-orang perlahan mulai menggunakan cara ini untuk makan, maka terlahirlah sumpit.

(一) v. + 出来  05-3

1. 朗读下列句子，画出"出来"前的动词。 Bacalah kalimat di bawah ini, dan tandai kata kerja yang berada di depan "出来".

（1）禹 想 出来一个好办法。
Yǔ xiǎng chulai yí gè hǎo bànfǎ.

（2）老李想了半天，才叫出来我的名字。
Lǎo Lǐ xiǎngle bàntiān, cái jiào chulai wǒ de míngzi.

（3）小王，请把这个文件打印出来。
Xiǎo Wáng, qǐng bǎ zhège wénjiàn dǎyìn chulai.

（4）照片上的人你都能认出来吗？
Zhàopiàn shang de rén nǐ dōu néng rèn chulai ma?

（5）这个谜语我猜了半天，也没猜出来。
Zhège míyǔ wǒ cāile bàntiān, yě méi cāi chulai.

2. 根据图片和提示词语，用"出来"完成句子，然后朗读。 Lengkapilah kalimat menggunakan "出来" berdasarkan gambar dan kata petunjuk yang diberikan, kemudian bacalah.

（1）我说不出来这个词的中文意思。（说　不）
Wǒ shuō bu chūlái zhège cí de Zhōngwén yìsi.

（2）我实在_____给女朋友买什么礼物。（想　不）
Wǒ shízài gěi nǚpéngyou mǎi shénme lǐwù.

（3）小刘_____经理今天有点儿不高兴。（看）
Xiǎo Liú jīnglǐ jīntiān yǒu diǎnr bù gāoxìng.

（4）一个小时后，小明终于把这道题_____了。（做）
Yí gè xiǎoshí hòu, Xiǎomíng zhōngyú bǎ zhè dào tí le.

（5）没想到本杰明能_____这么好吃的中国菜。（做）
Méi xiǎngdào Běnjiémíng néng zhème hǎo chī de zhōngguócài.

(二) 按照 05-4

1. 朗读下列句子，画出"按照"的宾语。 Bacalah kalimat di bawah ini, dan tandai objek dari "按照".

（1）大家都纷纷按照他的方法吃起肉来。
Dàjiā dōu fēnfēn ànzhào tā de fāngfǎ chīqǐ ròu lai.

（2）按照图书馆的规定，每人最多能借十本书。
Ànzhào túshūguǎn de guīdìng, měi rén zuì duō néng jiè shí běn shū.

（3）按照比赛规则，红队被罚了一个球。
Ànzhào bǐsài guīzé, hóngduì bèi fále yí gè qiú.

（4）按照中国的传统，过春节的时候要说吉利的话。
Ànzhào Zhōngguó de chuántǒng, guò Chūnjié de shíhou yào shuō jílì de huà.

（5）姐姐回国后，按照自己的想法去农村当了小学老师。
Jiějie huí guó hòu, ànzhào zìjǐ de xiǎngfǎ qù nóngcūn dāngle xiǎoxué lǎoshī.

2. 选择合适的词语填空，然后朗读。 Isilah bagian yang kosong dengan kata yang tepat, kemudian bacalah.

a. 意见 yìjiàn　　b. 水平 shuǐpíng　　c. 习惯 xíguàn　　d. 方法 fāngfǎ　　e. 情况 qíngkuàng

（1）按照孙小小现在的收入 <u>b</u>，他还买不起房子。
Ànzhào Sūn Xiǎoxiǎo xiànzài de shōurù, tā hái mǎi bu qǐ fángzi.

（2）按照中国的传统__，过春节要吃饺子。
Ànzhào Zhōngguó de chuántǒng guò Chūnjié yào chī jiǎozi.

（3）按照现在的身体__，他不能参加这次比赛。
Ànzhào xiànzài de shēntǐ tā bù néng cānjiā zhè cì bǐsài.

（4）按照大家的__，我们今天去参观中国国家博物馆。
Ànzhào dàjiā de wǒmen jīntiān qù cānguān Zhōngguó Guójiā Bówùguǎn.

（5）阿里每天按照老师的__练习，现在他汉语说得越来越流利了。
Ālǐ měi tiān ànzhào lǎoshī de liànxí, xiànzài tā Hànyǔ shuō de yuèláiyuè liúlì le.

Kosakata tambahan 扩展生词  05-5

1. 打印　dǎyìn　v.　print, cetak
2. 认　rèn　v.　mengenali, mengidentifikasi
3. 谜语　míyǔ　n.　teka-teki
4. 猜　cāi　v.　menebak
5. 规定　guīdìng　n.　ketentuan
6. 规则　guīzé　n.　aturan, peraturan
7. 球　qiú　n.　bola
8. 吉利　jílì　a.　hoki, keberuntungan
9. 想法　xiǎngfǎ　n.　pemikiran, ide
10. 农村　nóngcūn　n.　pedesaan, desa
11. 小学　xiǎoxué　n.　sekolah dasar

7 Pembelajaran kosakata dan karakter Mandarin　学习词汇和汉字

1. 朗读下列词语，然后为它们选择相应的图片。Bacalah kata-kata di bawah ini, kemudian isilah pada gambar yang sesuai.

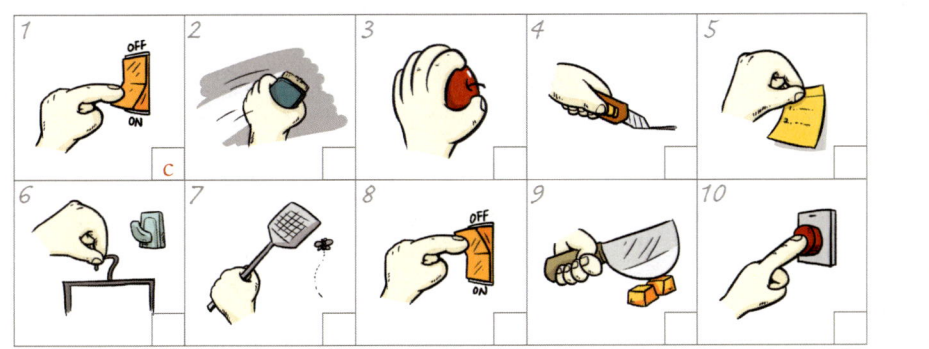

a. 按　àn　　f. 划　huá
b. 打　dǎ　　g. 贴　tiē
c. 开　kāi　　h. 切　qiē
d. 关　guān　　i. 擦　cā
e. 挂　guà　　j. 抓　zhuā

2. 在上面的动词后面加上宾语。Tambahkan objek di belakang kata-kata kerja di atas.

Contoh：（1）按铃 àn líng　　（2）开门 kāi mén

3. 朗读下列词语，然后根据"生"的意思给词语分类。Bacalah kata-kata di bawah ini, kemudian kelompokkan berdasarkan arti kata "生".

a. 生病 shēng bìng　b. 生孩子 shēng háizi　c. 卫生 wèishēng　d. 生气 shēng qì　e. 发生 fāshēng　f. 学生 xuésheng
g. 生活 shēnghuó　h. 生蛋 shēng dàn　i. 诞生 dànshēng　j. 先生 xiānsheng　k. 生命 shēngmìng　l. 医生 yīshēng

（1）生病 ＿＿＿＿＿　　　　　（3）生活 ＿＿＿＿＿

（2）生蛋 ＿＿＿＿＿　　　　　（4）先生 ＿＿＿＿＿

8 Aktivitas Berkomunikasi　交际活动

1. 三四人一组，表演禹和几个人发明筷子的经过。Perankanlah tokoh Yu dan beberapa orang lainnya dalam proses menciptakan sumpit dengan membuat kelompok sebangak 4 orang.

2. 比较一下用筷子和用刀叉各有什么好处。（补充词汇：灵活 línghuó　手指 shǒuzhǐ、健脑 jiànnǎo、有效 yǒuxiào、切 qiē、精细的 jīngxì de 东西 dōngxi、大块儿的肉 dà kuàir de ròu）Bandingkan keuntungan masing-masing dari menggunakan sumpit dan pisau garpu. (Kosa kata tambahan: 灵活手指 jari yang lincah, 健脑 sehat untuk otak, 有效 efektif, 切 memotong, 精细的东西 barang yang halus dan kecil, 大块儿的肉 potongan besar daging)

Bab 6

Màn shēnghuó
慢生活
Hidup lambat

1 Teks 课文
借助生词表，快速浏览课文后回答问题：什么是慢生活？ 06-1

Dengan bantuan daftar kosakata, baca sekilas bacaan, kemudian jawab pertanyaan: Apa itu hidup yang lambat?

Xiàndàirén de shēnghuó jiézòu yuèláiyuè kuài,
现代人的生活节奏越来越快，
yúshì, yǒu rén tíchū "màn shēnghuó" de lǐniàn.
于是，有人提出"慢生活"的理念。
"Màn shēnghuó" de yìsi shì, shēnghuó bùzhǐ shì
"慢生活"的意思是，生活不只是
jǐnzhāng de gōngzuò, hái yīnggāi yǒu fàngsōng de shíjiān;
紧张的工作，还应该有放松的时间；
bù néng zhǐ yǒu kuài jiézòu, hái xūyào màn jiézòu.
不能只有快节奏，还需要慢节奏。
Bǐrú, mánglù de gōngzuòle yí duàn shíjiān yǐhòu,
比如，忙碌地工作了一段时间以后，

chōu kòngr gēn jiārén yìqǐ hǎohāor chī dùn fàn,
抽空儿跟家人一起好好儿吃顿饭，
liáoliao tiānr; huòzhě guàngguang shūdiàn, dúdu
聊聊天儿；或者逛逛书店，读读
gǎn xìngqù de shū; huòzhě pào bēi chá, tīngting
感兴趣的书；或者泡杯茶，听听
yīnyuè……
音乐……

"Màn shēnghuó" shì yì zhǒng shēnghuó tàidù,
"慢生活"是一种生活态度，
tā shǐ nǐ de shēnghuó gèng yǒuqù, gèng fēngfù.
它使你的生活更有趣，更丰富。

Jawab pertanyaan

回答问题

Xiànzài rénmen de shēnghuó jiézòu zěnmeyàng?
1. 现在人们的生活节奏怎么样？

Yǒu rén tíchū shénme zhǔzhāng?
2. 有人提出什么主张？

"Màn shēnghuó" shì shénme yìsi?
3. "慢生活"是什么意思？

Nǎxiē shēnghuó shì "màn shēnghuó"?
4. 哪些生活是"慢生活"？

"Màn shēnghuó" néng shǐ nǐ de shēnghuó zěnmeyàng?
5. "慢生活"能使你的生活怎么样？

22

2 Kosakata baru 生词 06-2

1. 现代人　xiàndàirén　n.　orang modern, orang jaman sekarang
   现代　xiàndài　n.　modern
2. 节奏　jiézòu　n.　ritme, tempo
3. 理念　lǐniàn　n.　konsep
4. 放松　fàngsōng　v.　santai
5. 忙碌　mánglù　a.　sibuk
6. 段　duàn　n.(kbb)　satuan *(untuk menunjukkan waktu atau jarak)* periode, bagian
7. 抽空儿　chōu kòngr　v.　mencari waktu kosong
8. 顿　dùn　n.(kbb)　*satuan untuk menunjukkan frekuensi*
9. 饭　fàn　n.　makanan, nasi
10. 或者　huòzhě　conj.　atau
11. 书店　shūdiàn　n.　toko buku
12. 泡　pào　v.　merendam
13. 使　shǐ　v.　membuat, menyebabkan
14. 有趣　yǒuqù　a.　menarik
15. 丰富　fēngfù　a.　kaya, berlimpah, bervariasi

3 Catatan 注释

1. 生活不只是紧张的工作，还应该有放松的时间

   Kata kerja "应该" berarti "seharusnya" atau "lebih masuk akal jika…".

2. 生活不只是紧张的工作，还应该有放松的时间

   Struktur "不只X，还Y" (tidak hanya…, tetapi juga…) berarti X dan Y keduanya ada dan bahwa Y adalah tambahan lebih lanjut untuk X.

4 Menceritakan kembali teks bacaan 复述课文

现代人……，于是，有人提出……。"慢生活"……，生活不只是……，还……；不能……，还……。比如，忙碌地……以后，抽空儿跟……好好儿……，……；或者……，读读……；或者……，听听……

"慢生活"是一种……，它使……更……、更……。

5 Bacaan dalam bahasa Indonesia 译文

Ritme kehidupan orang jaman sekarang semakin lama semakin cepat, oleh sebab itu, ada orang yang mengusulkan konsep "Hidup lambat". Makna dari "Hidup lambat" yaitu, kehidupan ini tidak hanya diisi dengan kesibukan bekerja, tetapi juga harus ada waktu santai; tidak boleh hanya ada ritme yang cepat, tetapi juga perlu ritme yang lambat. Misalnya: setelah bekerja dengan sibuk selama waktu tertentu, mencari waktu kosong untuk makan bersama keluarga, berbincang-bincang; atau jalan-jalan ke toko buku, membaca buku yang disukai; atau menikmati secangkir teh, mendengar musik...

"Hidup lambat" adalah suatu sikap hidup, membuat hidupmu menjadi lebih menarik dan bervariasi.

6 Tata bahasa 学习语法

（一）应该 06-3

1. 朗读下列句子，画出"应该"后面的词语。Bacalah kalimat di bawah ini, dan tandai kata atau frasa yang berada di belakang"应该".

   Shēnghuó bùzhǐ shì jǐnzhāng de gōngzuò, hái
   (1) 生活 不只是 紧张的 工作，还 应该 有 放松的时间。
   yīnggāi yǒu fàngsōng de shíjiān.

   Tài wǎn le, wǒmen bù yīnggāi zài dǎrǎo tā.
   (2) 太晚了，我们不应该再打扰他。

   Niánqīngrén dōu yīnggāi yǒu zìjǐ de mèngxiǎng.
   (3) 年轻人 都 应该 有自己的 梦想。

   Tā yǐjīng gēn nǐ dàoqiàn le, nǐ yīnggāi yuánliàng tā.
   (4) 他已经跟你道歉了，你应该 原谅他。

   Wǒmen yīnggāi zūnzhòng gè guó bù tóng de wénhuà hé xísú.
   (5) 我们 应该 尊重 各国不同的文化和习俗。

2. 用"应该"完成句子，然后朗读。Lengkapilah kalimat menggunakan"应该", kemudian bacalah.

   Nǐ tài shòu le, yīnggāi duō chī diǎnr.
   (1) 你太瘦了，应该多吃点儿。

   Shèngdàn Jié kuài dào le,
   (2) 圣诞节快到了，_____。

   Nǐ gǎnmào le,
   (3) 你感冒了，_____。

   Fàng jià le, wǒmen
   (4) 放假了，我们_____。

   Nǐ rúguǒ xiǎng chī zhájiàngmiàn, jiù
   (5) 你如果想 吃 炸酱面，就_____。

（二）不只X，还Y 06-4

1. 朗读下列句子，画出X和Y。Bacalah kalimat di bawah ini, dan tandai X dan Y.

   Shēnghuó bùzhǐ shì jǐnzhāng de gōngzuò, hái yīnggāi yǒu fàngsōng de shíjiān.
   (1) 生活 不只是紧张的工作，还应该有 放松的时间。

   Wǒ bùzhǐ ài tā yòu gāo yòu shuài, hái ài tā chéngshí kěkào.
   (2) 我不只爱他又高又 帅，还爱他 诚实可靠。

   Yùndòng bùzhǐ shì duànliàn shēntǐ, hái kěyǐ fàngsōng xīnqíng, shìfàng yālì.
   (3) 运动 不只是 锻炼身体，还可以 放松 心情，释放压力。

   Kǒngzǐ bùzhǐ shì zhùmíng de sīxiǎngjiā, hái shì zhùmíng de jiàoyùjiā.
   (4) 孔子不只是 著名的思想家，还是 著名的教育家。

   Yǔyán bùzhǐ shì yì zhǒng jiāoliú gōngjù, hái shì yì zhǒng wénhuà.
   (5) 语言不只是一种 交流工具，还是一种 文化。

2. 根据图片和提示词语，用"不只……还……"完成句子，然后朗读。Lengkapilah kalimat menggunakan"不只……还……"berdasarkan gambar dan kata petunjuk yang diberikan, kemudian bacalah.

1　　　　2　　　　3　　　　4　　　　5

   Xīyān bùzhǐ duì zìjǐ yǒu hài, hái duì biérén yǒu hài. zìjǐ biérén duì…… yǒu hài
   (1) 吸烟不只对自己有害，还对别人有害。（自己 别人 对……有害）

   Zhège dìfang yǒu piàoliang de fēngjǐng gè zhǒng měishí
   (2) 这个地方_____，_____。（有 漂亮的风景 各种 美食）

   Dàwèi chī zuò zhōngguócài
   (3) 大卫_____，_____。（吃 做 中国菜）

   Shǒujī dǎ diànhuà shàng wǎng, kàn shū, wánr yóuxì
   (4) 手机_____，_____。（打电话 上网、看书、玩儿游戏）

   Wǒ zhù de fángzi jiāotōng huánjìng hǎo hěn fāngbiàn
   (5) 我住的房子_____，交通_____。（环境 好 很方便）

Kosakata tambahan 扩展生词  06-5

1. 打扰　dǎrǎo　v.　mengganggu
2. 道歉　dào qiàn　v.　minta maaf
3. 尊重　zūnzhòng　v.　menghormati
4. 各国　gè guó　　setiap negara
5. 习俗　xísú　n.　kebiasaan
6. 爱　ài　v.　mencintai
7. 诚实　chéngshí　a.　jujur
8. 可靠　kěkào　a.　dapat diandalkan, terpercaya
9. 心情　xīnqíng　n.　perasaan, suasana hati
10. 释放　shìfàng　v.　melepas, membebaskan
11. 压力　yālì　n.　tekanan
12. 工具　gōngjù　n.　alat, instrumen

7 Pembelajaran kosakata dan karakter Mandarin 学习词汇和汉字

1. 朗读下列词语，然后为它们选择相应的图片。Bacalah kata-kata di bawah ini, kemudian isilah pada gambar yang sesuai.

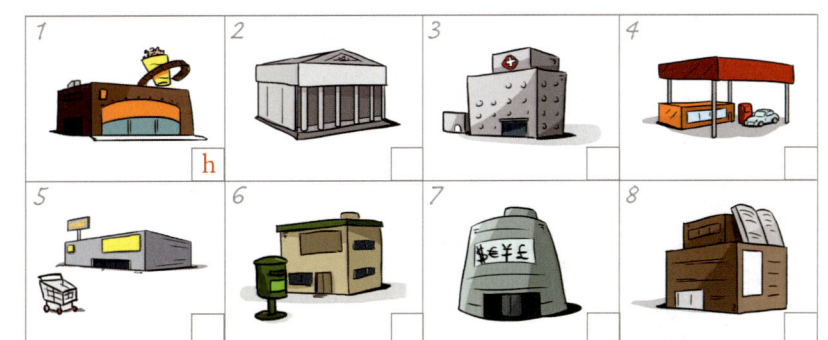

a. 邮局　yóujú
b. 书店　shūdiàn
c. 医院　yīyuàn
d. 博物馆　bówùguǎn
e. 超市　chāoshì
f. 银行　yínháng
g. 加油站　jiāyóuzhàn
h. 电影院　diànyǐngyuàn

2. 说说去上面的地方做什么。
   Ceritakan apa yang dapat dilakukan saat pergi ke tempat-tempat di atas.

   Contoh：去 电影院 看 电影。 Qù diànyǐngyuàn kàn diànyǐng.

3. 朗读下列汉字，然后根据共同部分给汉字分类，说说共同部分是什么意思。
   Bacalah karakter Mandarin di bawah ini, kemudian kelompokkan karakter mandarin berdasarkan bagian yang sama, dan sebutkan apa arti bagian yang sama tersebut.

   a. 庭 tíng　b. 近 jìn　c. 健 jiàn　d. 进 jìn　e. 远 yuǎn　f. 诞 dàn　g. 挺 tǐng
   h. 道 dào　i. 达 dá　j. 建 jiàn　k. 运 yùn　l. 追 zhuī　m. 送 sòng

   （1）庭 _____ _____ _____ _____
   （2）近 _____ _____ _____ _____ _____ _____

Aktivitas Berkomunikasi 交际活动

1. 跟同伴分别扮演记者和主张"慢生活"的人，编一段8－10句的对话。Perankanlah tokoh seorang wartawan dan seorang yang memiliki ritme hidup yang lambat bersama dengan temanmu dangan membuat percakapan 8-10 kalimat.

2. 说说你对"慢生活"的看法。Berikan pendapatmu tentang ritme hidup yang lambat.

25

Bab 7

Jiǎn kùzi
剪裤子
Memendekkan celana

1 Teks 课文

借助生词表，快速浏览课文后回答问题：小东的裤子最后短了几寸？  07-1

Dengan bantuan daftar kosakata, baca sekilas bacaan, kemudian jawab pertanyaan: Akhirnya Celana Xiaodong kependekan berapa inci?

Wèile cānjiā míngtiān de bì yè diǎnlǐ, Xiǎodōng mǎile tiáo xīn
为了参加明天的毕业典礼，小东买了条新
kùzi. Huí jiā shìle shì, fāxiàn kùzi cháng liǎng cùn. Wǎnfàn de
裤子。回家试了试，发现裤子长两寸。晚饭的
shíhou, Xiǎodōng shuōqǐ zhè jiàn shì, dàjiā dōu méi shuō huà.
时候，小东说起这件事，大家都没说话。

Māma yìzhí diànjìzhe zhè jiàn shì, lín shuì qián qiāoqiāo de
妈妈一直惦记着这件事，临睡前悄悄地
bǎ kùzi jiǎnle liǎng cùn.
把裤子剪了两寸。

Bànyè li, jiějie zài shuìmèng zhōng měngrán xiǎngqǐ zhè jiàn
半夜里，姐姐在睡梦中猛然想起这件
shì, yòu bǎ kùzi jiǎnle liǎng cùn.
事，又把裤子剪了两寸。

Nǎinai yě yìzhí diànjìzhe sūnzi de kùzi, dì-èr tiān
奶奶也一直惦记着孙子的裤子，第二天
yídàzǎo jiù qǐlai, bǎ kùzi yòu jiǎnle liǎng cùn.
一大早就起来，把裤子又剪了两寸。

Jiéguǒ, Xiǎodōng zhǐhǎo chuānzhe duǎn sì cùn de kùzi qù
结果，小东只好穿着短四寸的裤子去
cānjiā bì yè diǎnlǐ le.
参加毕业典礼了。

Jawab pertanyaan

回答问题

Xiǎodōng wèi shénme yào mǎi xīn kùzi?
1. 小东为什么要买新裤子？

Zhè tiáo xīn kùzi zěnmeyàng?
2. 这条新裤子怎么样？

Xiǎodōng shénme shíhou shuōqǐle zhè jiàn shì?
3. 小东什么时候说起了这件事？

Māma shénme shíhou bǎ kùzi jiǎnle liǎng cùn?
4. 妈妈什么时候把裤子剪了两寸？

Jiějie shénme shíhou bǎ kùzi jiǎnle liǎng cùn?
5. 姐姐什么时候把裤子剪了两寸？

Nǎinai shénme shíhou bǎ kùzi jiǎnle liǎng cùn?
6. 奶奶什么时候把裤子剪了两寸？

Jiéguǒ zěnmeyàng?
7. 结果怎么样？

2 Kosakata baru 生词 07-2

1. 为了 wèile p. demi, untuk
2. 毕业典礼 bì yè diǎnlǐ upacara wisuda
   典礼 diǎnlǐ n. upacara
3. 试 shì v. coba
4. 寸 cùn n.(kbb) inci
5. 说起 shuōqǐ membicarakan
6. 惦记 diànjì v. selalu teringat, terus memikirkan
7. 临 lín p. akan
8. 悄悄 qiāoqiāo adv. diam-diam, secara rahasia
9. 剪 jiǎn v. potong, gunting
10. 半夜 bànyè n. tengah malam
11. 睡梦 shuìmèng n. tidur, bermimpi
12. 猛然 měngrán adv. tiba-tiba
13. 孙子 sūnzi n. cucu laki-laki
14. 第二天 dì-èr tiān keesokan hari
15. 一大早 yídàzǎo pagi-pagi sekali
16. 结果 jiéguǒ conj. hasil, alhasil

3 Catatan 注释

1. 为了参加明天的毕业典礼，小东买了条新裤子。
   Kata depan "为了" menunjukkan bahwa kata atau frasa di belakangnya adalah alasan atau tujuan dari suatu aksi atau perilaku.

2. 姐姐在睡梦中猛然想起这件事
   Struktur "Kata kerja + 起", "起" menunjukkan hal yang berhubungan dengan kata kerja (seperti membicarakan, memikirkan, dll.). Ini merupakan bentuk perluasan dari "起".

4 Menceritakan kembali teks bacaan 复述课文

为了参加……，小东……。回家……，发现……。晚饭的时候，小东……，大家……。

妈妈一直……，临睡前……。

半夜里，姐姐……猛然……，又……。

奶奶也……，第二天……就……，把……。

结果，小东只好……去参加……。

5 Bacaan dalam bahasa Indonesia 译文

Demi menghadiri upacara wisuda pada esok hari Xiaodong membeli sebuah celana baru. Setelah pulang ke rumah dan mencobanya, dia menyadari bahwa celana tersebut kepanjangan 2 inci. Saat makan malam, Xiaodong membicarakan hal tersebut, dan semuanya tidak berbicara apapun.

Ibunya selalu teringat hal ini. Sebelum tidur, ibunya memotong celana tersebut sepanjang 2 inci.

Di tengah malam, kakak perempuannya dalam tidurnya tiba-tiba teringat hal ini, kemudian juga memotong celana tersebut sepanjang 2 inci.

Nenek juga selalu teringat akan celana cucunya, keesokan harinya pagi-pagi sekali, dipotongnya lagi celana tersebut sepanjang 2 inci.

Alhasil, Xiaodong hanya dapat memakai celana yang kependekan 4 inci untuk menghadiri upacara wisuda.

6 Tata bahasa 学习语法

（一）为了 07-3

1. 朗读下列句子，画出"为了"后面的短语或句子。 Bacalah kalimat di bawah ini, dan tandai frasa atau kalimat yang berada di belakang "为了".

（1）为了<u>参加明天的毕业典礼</u>，小东买了条新裤子。
Wèile cānjiā míngtiān de bìyè diǎnlǐ, Xiǎodōng mǎile tiáo xīn kùzi.

（2）为了多挣点儿钱，她每天打两份工。
Wèile duō zhèng diǎnr qián, tā měi tiān dǎ liǎng fèn gōng.

（3）为了节约时间，我们还是打车去那儿吧。
Wèile jiéyuē shíjiān, wǒmen háishi dǎchē qù nàr ba.

（4）为了能有更多的时间照顾家庭，她辞掉了工作。
Wèile néng yǒu gèng duō de shíjiān zhàogù jiātíng, tā cídiàole gōngzuò.

（5）为了给奶奶过八十岁生日，儿孙们都从外地赶了回来。
Wèile gěi nǎinai guò bāshí suì shēngrì, érsūnmen dōu cóng wàidì gǎnle huílái.

2. 连线成句，然后朗读。 Hubungkan menjadi sebuah kalimat kemudian bacalah.

（1）为了上下班方便　　　　　小双排了半天的队
Wèile shàng xià bān fāngbiàn　　Xiǎoshuāng páile bàntiān de duì

（2）为了考上理想的大学　　　丁律师决定一个人出去旅行
Wèile kǎoshàng lǐxiǎng de dàxué　　Dīng lǜshī juédìng yí gè rén chūqu lǚxíng

（3）为了放松一下　　　　　　孙中平早上五点就起床了
Wèile fàngsōng yíxià　　Sūn Zhōngpíng zǎoshang wǔ diǎn jiù qǐ chuáng le

（4）为了买到那场足球赛的票　弟弟每天学到很晚才睡觉
Wèile mǎidào nà chǎng zúqiúsài de piào　　dìdi měi tiān xué dào hěn wǎn cái shuì jiào

（5）为了能赶上飞机　　　　　吴明玉在公司附近租了个房子
Wèile néng gǎnshàng fēijī　　Wú Míngyù zài gōngsī fùjìn zūle gè fángzi

（二）v. + 起 07-4

1. 朗读下列句子，画出"起"前面的动词。 Bacalah kalimat di bawah ini, dan tandai kata kerja yang berada di depan "起".

（1）晚饭的时候，小东<u>说</u>起这件事。
Wǎnfàn de shíhou, Xiǎodōng shuōqǐ zhè jiàn shì.

（2）每到中秋节，我就会想起自己的家乡。
Měi dào Zhōngqiū Jié, wǒ jiù huì xiǎngqǐ zìjǐ de jiāxiāng.

（3）回忆起大学生活，我们都对老师充满了感激。
Huíyì qǐ dàxué shēnghuó, wǒmen dōu duì lǎoshī chōngmǎnle gǎnjī.

（4）在火车上，女朋友跟我说起刚认识的时候她并不喜欢我。
Zài huǒchē shang, nǚpéngyou gēn wǒ shuōqǐ gāng rènshi de shíhou tā bìng bù xǐhuan wǒ.

（5）她兴奋地跟我谈起自己的梦想："我要在纽约开一所中文学校！"
Tā xīngfèn de gēn wǒ tánqǐ zìjǐ de mèngxiǎng: "Wǒ yào zài Niǔyuē kāi yì suǒ Zhōngwén xuéxiào!"

2. 根据图片和提示词语，用"起"完成句子，然后朗读。 Lengkapilah kalimat menggunakan "起" berdasarkan gambar dan petunjuk yang diberikan, kemudian bacalah.

（1）同学们一见面就<u>聊起</u>学汉语的经验。（聊）
Tóngxuémen yí jiàn miàn jiù liáoqǐ xué Hànyǔ de jīngyàn. liáo

（2）晚上，我突然____应该给妈妈打个电话。（想）
Wǎnshang, wǒ tūrán   yīnggāi gěi māma dǎ ge diànhuà. xiǎng

（3）聚会时，同学们____在伦敦的生活。（回忆）
Jùhuì shí, tóngxuémen   zài Lúndūn de shēnghuó. huíyì

（4）朋友在电话中____了我在北京的工作情况。（问）
Péngyou zài diànhuà zhōng   le wǒ zài Běijīng de gōngzuò qíngkuàng. wèn

Kosakata tambahan 扩展生词  07-5

1. 打工　dǎ gōng　v.　bekerja paruh waktu
2. 节约　jiéyuē　v.　hemat
3. 照顾　zhàogù　v.　merawat
4. 辞　cí　v.　berhenti, mengundurkan diri
5. 岁　suì　n.(kbb)　tahun (usia)
6. 儿孙　érsūn　n.　anak dan cucu, keturunan
7. 外地　wàidì　n.　luar kota
8. 家乡　jiāxiāng　n.　kampung halaman
9. 回忆　huíyì　v.　mengingat kembali, mengenang
10. 充满　chōngmǎn　v.　dipenuhi
11. 感激　gǎnjī　v.　berterimakasih, bersyukur

7 Pembelajaran kosakata dan karakter Mandarin 学习词汇和汉字

1. 朗读下列词语，然后为它们选择相应的图片。Bacalah kata-kata di bawah ini, kemudian isilah pada gambar yang sesuai.

a. 傍晚 bàngwǎn
b. 中午 zhōngwǔ
c. 早上 zǎoshang
d. 上午 shàngwǔ
e. 一大早 yídàzǎo
f. 半夜 bànyè
g. 晚上 wǎnshang
h. 下午 xiàwǔ

2. 用上面的词语说说这些时候你都做什么。Ceritakan apa yang kamu lakukan pada setiap waktu dengan menggunakan kata-kata di atas.

　Contoh：我 晚上 参加聚会。
　　　　Wǒ wǎnshang cānjiā jùhuì.

3. 朗读下列汉字，然后根据共同部分给汉字分类，说说共同部分是什么意思。
Bacalah karakter Mandarin di bawah ini, kemudian kelompokkan karakter Mandarin berdasarkan bagian yang sama, dan sebutkan arti bagian yang sama tersebut.

a. 感 gǎn　b. 忆 yì　c. 忘 wàng　d. 懒 lǎn　e. 惦 diàn　f. 忍 rěn　g. 闷 mèn
h. 懂 dǒng　i. 愉 yú　j. 想 xiǎng　k. 急 jí　l. 怕 pà　m. 悄 qiāo　n. 怨 yuàn

（1）感 ＿＿＿ ＿＿＿ ＿＿＿ ＿＿＿ ＿＿＿ ＿＿＿

（2）忆 ＿＿＿ ＿＿＿ ＿＿＿ ＿＿＿ ＿＿＿ ＿＿＿

8 Aktaritas Berkomunikasi 交际活动

1. 跟同伴分别扮演小东和老师，编一段8－10句的对话，说明裤子短了的原因。Perankanlah tokoh Xiao Dong dan guru bersama temanmu dengan membuat percakapan 8-10 kalimat, dan jelaskan alasan celana menjadi pendek.

2. 说说发生在你的家人或朋友身上的有意思的小故事。Ceritakan kejadian menarik yang terjadi pada keluargamu atau temanmu.

29

Bab 8

Tǔlǔfān
吐鲁番
Turpan

1. Teks 课文

借助生词表，快速浏览课文后回答问题：吐鲁番有什么特别的地方？ 08-1

Dengan bantuan daftar kosakata, baca sekilas bacaan, kemudian jawab pertanyaan: Apakah yang spesial dari Turpan?

Xīnjiāng Tǔlǔfān xiàtiān fēicháng rè, suǒyǐ bèi chēngwéi
新疆 吐鲁番 夏天 非常 热，所以 被 称为
"huǒzhōu". Zuì rè de shíhou, zhèlǐ shātǔ de biǎomiàn wēndù
"火洲"。最热的时候，这里沙土的表面 温度
dá dào bāshí'èr shèshìdù! Jiǎrú nǐ bǎ yí gè shēng jīdàn fàngjìn shātǔ
达到 82℃！假如你把一个生鸡蛋放进沙土
li, yíhuìr jiù néng shú. Chūntiān hé qiūtiān, zhèlǐ báitiān hé
里，一会儿 就 能 熟。春天和秋天，这里白天和
wǎnshang wēnchā yòu tèbié dà, suǒyǐ liúchuánzhe zhèyàng yí jù
晚上 温差 又 特别大，所以 流传着 这样 一句
súyǔ: "Zǎo chuān pí'ǎo wǔ chuān shā, wéizhe huǒlú chī xīguā."
俗语："早 穿皮袄午 穿 纱，围着 火炉 吃 西瓜。"
Tǔlǔfān shèngchǎn shuǐguǒ, yóuqí shì pútao hé hāmìguā,
吐鲁番 盛产 水果，尤其是葡萄和哈密瓜，
yòu xiāng yòu tián. Suǒyǐ měi dào xiàtiān, dāng shuǐguǒ shúle de
又 香 又 甜。所以每到夏天，当 水果 熟了 的
shíhou, gè dì de rénmen dōu xǐhuan lái zhèlǐ lǚyóu.
时候，各地的人们都喜欢来这里旅游。

Jawab pertanyaan

Tǔlǔfān wèi shénme bèi chēngwéi "huǒzhōu"?
1. 吐鲁番为什么被 称为"火洲"？

Tǔlǔfān zuì rè shí wēndù shì duōshao shèshìdù?
2. 吐鲁番最热时温度是多少 摄氏度？

Zuì rè de shíhou yàoshi bǎ shēng jīdàn fàngjìn shātǔ li huì zěnmeyàng?
3. 最热的时候要是把 生鸡蛋放进沙土里会怎么样？

Tǔlǔfān chūntiān hé qiūtiān tiānqì zěnmeyàng?
4. 吐鲁番 春天和秋天天气怎么样？

Tǔlǔfān liúchuánzhe shénme súyǔ?
5. 吐鲁番 流传着 什么俗语？

Tǔlǔfān shèngchǎn shénme shuǐguǒ?
6. 吐鲁番 盛产 什么 水果？

Tǔlǔfān de shuǐguǒ wèidào zěnmeyàng?
7. 吐鲁番的水果 味道 怎么样？

Měi dào shuǐguǒ shúle de shíhou, huì zěnmeyàng?
8. 每到 水果 熟了的时候，会怎么样？

2 Kosakata baru 生 词 08-2

1. 称为　chēngwéi　disebut sebagai
   称　chēng　v.　menyebut
   为　wéi　v.　sebagai
2. 火洲　huǒzhōu　n.　daratan api
3. 沙土　shātǔ　n.　tanah berpasir
4. 假如　jiǎrú　conj.　jika, seandainya
5. 生　shēng　a.　mentah
6. 熟　shú　a.　masak, matang
7. 白天　báitiān　n.　siang hari
8. 特别　tèbié　adv.　tidak biasanya, istimewa, spesial, sangat
9. 流传　liúchuán　v.　meluas, menyebar
10. 俗语　súyǔ　n.　pepatah
11. 皮袄　pí'ǎo　n.　jaket kulit, mantel
12. 午　wǔ　siang
13. 纱　shā　n.　bahan kain tipis
14. 火炉　huǒlú　n.　perapian, tungku
15. 盛产　shèngchǎn　v.　berlimpah
16. 哈密瓜　hāmìguā　n.　Hami melon
17. 各地　gè dì　berbagai penjuru

Kata benda spesifik 专有名词

1. 新疆　Xīnjiāng　Daerah Otonomi Xinjiang
2. 吐鲁番　Tǔlǔfān　Turpan, suatu daerah di Xinjiang

3 Catatan 注 释

1. 新疆吐鲁番夏天非常热，所以被称为"火洲"。

   Ungkapan "称为", sama dengan "叫做", yang berarti "disebut sebagai, dipanggil sebagai".

2. 当水果熟了的时候，各地的人们都喜欢来这里旅游。

   Ungkapan "当……的时候" menunjukkan waktu saat sesuatu terjadi.

4 Menceritakan kembali teks bacaan 复述课文

新疆吐鲁番……，所以……。最热的时候，这里沙土的……！假如你……，一会儿……。春天和秋天，这里……特别大，所以流传着……："早穿……，围着……。"

吐鲁番……，尤其是……，又……又……。所以每到……，当……的时候，各地的人们……。

5 Bacaan dalam bahasa Indonesia 译 文

　　Musim panas di Turpan, Xinjiang sangat panas, sehingga disebut "Daratan api". Saat paling panas, suhu permukaan pasir mencapai 82℃. Seandainya kamu meletakkan telur mentah di dalam pasir, sebentar saja akan matang. Pada saat musim semi dan musim gugur, perbedaan suhu siang hari dan malam hari sangat besar, sehingga ada pepatah: "Pagi hari memakai mantel, siang hari memakai baju tipis, mengelilingi perapian sambil makan semangka".

　　Turpan memiliki hasi buah-buahan yang berlimpah, terutama anggur dan Hami melon yang harum dan manis. Sehingga setiap musim panas tiba, saat buah telah masak, orang-orang dari berbagai penjuru senang berwisata ke sini.

6 Tata bahasa 学习语法

（一）称为 08-3

1. 朗读下列句子，画出"称为"前面和后面的词语。 Bacalah kalimat di bawah ini, dan tandai kata atau frasa yang berada di depan dan di belakang "称为".

(1) <u>新疆吐鲁番</u>夏天非常热，所以被称为"<u>火洲</u>"。

(2) 汉语里，孩子们习惯把年长的女性称为"阿姨"。

(3) 在日常生活中，人们把电子计算机称为"电脑"。

(4) 孔子是中国著名的思想家、教育家，人们把他称为"圣人"。

(5) 人们把"0"到"9"这十个数字称为"阿拉伯数字"。

2. 选择合适的词语填空，用"称为"完成句子，然后朗读。 Isilah bagian yang kosong dengan kata yang sesuai, dan lengkapilah kalimat menggunakan "称为", kemudian bacalah.

a. 世界屋脊(atap dunia)　　b. 母亲河　　c. 中国的国宝(harta karun negara)　　d. 杂交水稻之父

(1) 中国人把黄河<u>称为"母亲河"</u>。　　(3) 袁隆平被大家_____。

(2) 珠穆朗玛峰被_____。　　(4) 熊猫被_____。

（二）当……的时候 08-4

1. 朗读下列句子，画出"当……的时候"中间的词语。 Bacalah kalimat di bawah ini, dan tandai kata atau frasa yang berada di tengah "当" dan "的时候".

(1) 当<u>水果熟了</u>的时候，各地的人们都喜欢来这里旅游。

(2) 当你恋爱的时候，你就会理解我的心情了。

(3) 当发生紧急情况的时候，一定要冷静。

(4) 朋友就是当你需要的时候，总会出现在你身边的人。

(5) 当下个世纪到来的时候，世界会是什么样子呢？

2. 根据图片和提示词语，用"当……的时候"完成句子，然后朗读。 Lengkapilah kalimat menggunakan "当……的时候" berdasarkan gambar dan petunjuk yang diberikan, kemudian bacalah.

(1) <u>当他八岁的时候</u>，父母就带他来到了中国。（他八岁）

(2) _____，儿子已经睡着了。（妈妈回来）

(3) _____，我就会去逛街。（我不开心）

(4) _____，我会听一会儿音乐或者看一会儿书。（我睡不着）

Kosakata tambahan 扩展生词  08-5

1. 年长　　niánzhǎng　a.　orang yang lebih tua, lebih senior
2. 女性　　nǚxìng　　 n.　wanita
3. 日常　　rìcháng　　a.　sehari-hari
4. 电子计算机　diànzǐ jìsuànjī　komputer elektronik
   计算机　jìsuànjī　n.　komputer
5. 圣人　　shèngrén　n.　orang suci
6. 恋爱　　liàn'ài　　 v.　berpacaran
7. 紧急　　jǐnjí　　 a.　darurat
8. 冷静　　lěngjìng　 a.　tenang
9. 身边　　shēnbiān　n.　di samping
10. 世纪　 shìjì　　 n.　abad
11. 样子　 yàngzi　　 n.　penampilan

Kata benda spesifik 专有名词

阿拉伯　Ālābó　Arab

7 Pembelajaran kosakata dan karakter Mandarin 学习词汇和汉字

1. 朗读下列词语，然后为它们选择相应的图片。Bacalah kata-kata di bawah ini, kemudian isilah pada gambar yang sesuai.

   a. 水果 shuǐguǒ
   b. 香蕉 xiāngjiāo
   c. 葡萄 pútao
   d. 哈密瓜 hāmìguā
   e. 猕猴桃 míhóutáo (buah kiwi)
   f. 蓝莓 lánméi (blueberry)
   g. 草莓 cǎoméi
   h. 苹果 píngguǒ
   i. 西瓜 xīguā
   j. 西红柿 xīhóngshì

2. 用上面的词语说说各种水果多少钱一斤。Gunakan kata-kata di atas untuk menceritakan harga buah per setengah kilonya.

   Contoh：西红柿五块钱一斤。 Xīhóngshì wǔ kuài qián yì jīn.

3. 朗读下列常用汉字，并组词。Bacalah karakter-karakter umum Mandarin di bawah ini dan kelompokkan menjadi kata.  08-6

wán	shè	shì	sè	lù	jì	nán	pǐn	zhù	gào
完	设	式	色	路	记	南	品	住	告
lèi	qiú	jù	chéng	běi	sǐ	biān	zhāng	gāi	jiāo
类	求	据	程	北	死	边	张	该	交
guī	wàn	qǔ	lā	gé	wàng	jiào/jué	shù	lǐng	gòng
规	万	取	拉	格	望	觉	术	领	共
què	chuán	shī	guān	qīng	jīn	qiē	yuàn	ràng	shí
确	传	师	观	清	今	切	院	让	识
hòu	dài	dǎo	zhēng	yùn	xiào	fēi	fēng	bù	gǎi
候	带	导	争	运	笑	飞	风	步	改

8 Aktivitas Berkomunikasi 交际活动

1. 跟同伴编一段介绍吐鲁番的对话。（8－10句）Buatlah percakapan yang memperkenalkan Turpan bersama dengan temanmu. (8-10 kalimat)

2. 说说你最喜欢的一个城市。Ceritakan mengenai kota yang paling kamu sukai.

Bab 9

Zuò diàntī
坐电梯
Naik lift

1 Teks 课文
借助生词表，快速浏览课文后回答问题："我"做了什么事？ 09-1

Dengan bantuan daftar kosakata, baca sekilas bacaan, kemudian jawab pertanyaan: Apakah yang "aku" lakukan?

Zuótiān xiàwǔ zìxí hòu, wǒ zài túshūguǎn
昨天下午自习后，我在图书馆
děng diàntī de shíhou, láile yí gè nánshēng hé yí gè
等电梯的时候，来了一个男生和一个
nǚshēng.
女生。

Nánshēng qiāoqiāo de duì nǚshēng shuō: "Wǎnshang
男生 悄悄地对女生 说："晚上
wǒ néng qǐng nǐ hē bēi kāfēi ma?" Nǚshēng hàixiū
我能请你喝杯咖啡吗？"女生害羞
de kànle tā yì yǎn: "Chúfēi nǐ zǒu lóutī bǐ wǒ xiān
地看了他一眼："除非你走楼梯比我先
dào bā céng, wǒ cái qù."
到8层，我才去。"

Diàntī lái le, nánshēng bá tuǐ jiù wǎng lóu shàng pǎo.
电梯来了，男生拔腿就往楼上跑。
Jìnle diàntī, wǒ mòmò de bǎ èr céng dào qī céng de diàntī
进了电梯，我默默地把2层到7层的电梯
ànniǔ quán ènle yí biàn.
按钮全摁了一遍。

Zuò dào qī céng wǒ jiù chūlai le, dànshì wǒ yìzhí
坐到7层我就出来了，但是我一直
méi gǎn huítóu kàn nà nǚshēng de yǎnshén. Chūlai hòu wǒ
没敢回头看那女生的眼神。出来后我
xīnli duì nàge nánshēng shuō: Xuézhǎng zhǐ néng bāng nǐ
心里对那个男生 说：学长只能 帮你
zhèxiē le!
这些了！

Jawab pertanyaan 回答问题

"Wǒ" shénme shíhou, zài nǎr děng diàntī?
1. "我"什么时候、在哪儿等电梯?

"Wǒ" děng diàntī de shíhou, shéi lái le?
2. "我"等电梯的时候，谁来了?

Nánshēng duì nǚshēng shuōle shénme?
3. 男生 对女生 说了什么?

Nǚshēng shuōle shénme?
4. 女生 说了什么?

Diàntī láile yǐhòu, nánshēng zuòle shénme?
5. 电梯来了以后，男生 做了什么?

Jìn diàntī yǐhòu, "wǒ" zuòle shénme?
6. 进电梯以后，"我"做了什么?

"Wǒ" shénme shíhou chūle diàntī?
7. "我"什么时候出了电梯?

"Wǒ" yìzhí bù gǎn zuò shénme?
8. "我"一直不敢做什么?

"Wǒ" wèi shénme yào zhème zuò?
9. "我"为什么要这么做?

2 Kosakata baru 生词 🔊 09-2

1. 自习 zìxí v. kegiatan belajar oleh diri sendiri
2. 男生 nánshēng n. murid laki-laki
3. 女生 nǚshēng n. murid perempuan
4. 害羞 hài xiū a. malu
5. 眼 yǎn n. mata
6. 除非 chúfēi conj. kecuali, jikalau
7. 楼梯 lóutī n. tangga
8. 先 xiān adv. terlebih dahulu
9. 拔腿 bá tuǐ v. segera mengayunkan kaki, melangkah
10. 跑 pǎo v. lari
11. 默默 mòmò adv. diam-diam
12. 按钮 ànniǔ n. tombol
13. 摁 èn v. menekan (dengan tangan atau jari)
14. 回头 huí tóu v. menoleh ke belakang
15. 眼神 yǎnshén n. pandangan mata
16. 学长 xuézhǎng n. kakak kelas

3 Catatan 注释

1. 除非你走楼梯比我先到8层，我才去。

Kata hubung "除非" menunjukkan satu-satunya kondisi atau syarat, memiliki arti "hanya jika". Biasanya digunakan bersama dengan "才".

2. 学长只能帮你这些了！

Kata keterangan "只" berarti "hanya" dan "tidak ada lainnya".

4 Menceritakan kembali teks bacaan 复述课文

昨天下午……，我在……的时候，来了……。
男生……说："晚上……？"女生……："除非……，我……。"
电梯来了，男生拔腿……。进了电梯，我默默地把……摁了一遍。
坐到7层我……，但是我……的眼神。出来后我……：学长……！

5 Bacaan dalam bahasa Indonesia 译文

Kemarin sore seusai dari belajar, saat aku sedang menunggu lift di perpustakaan, datanglah seorang murid laki-laki dan seorang murid perempuan.

Si murid laki-laki berbisik pada si murid perempuan: "Apakah aku boleh mentraktirmu minum kopi malam ini?" Si murid perempuan melihatnya sekilas dengan malu-malu: "Jika kamu bisa lewat tangga sampai ke lantai 8 lebih cepat dariku, aku baru pergi."

Saat lift sampai, si murid lelaki segera berlari ke atas. Setelah memasuki lift, aku diam-diam menekan semua tombol lift dari lantai 2 sampai lantai 7.

Ketika sampai di lantai 7 aku pun keluar, tetapi aku tidak berani menengok ke belakang melihat tatapan mata si murid perempuan. Setelah keluar, dalam hati aku berkata pada si murid laki-laki: kakak kelas hanya dapat membantumu ini saja!

35

6 Tata bahasa 学习语法

（一）除非……才…… 09-3

1. 朗读下列句子，画出"除非"和"才"后面的词语。 Bacalah kalimat di bawah ini, dan tandai kata atau frasa yang berada di belakang "除非" dan "才".

（1）除非<u>你走楼梯比我先到8层</u>，我才<u>去</u>。

（2）除非<u>做手术</u>，你的病才<u>能好</u>。

（3）除非<u>热极了</u>，我才<u>开一会儿空调</u>。

（4）除非<u>老板去跟他谈</u>，他才可能跟<u>我们合作</u>。

（5）除非<u>赢了上海队</u>，北京队才有可能<u>进入决赛</u>。

2. 连线成句，然后朗读。 Hubungkan menjadi sebuah kalimat kemudian bacalah.

（1）星期天 除非饿极了　　　　奶奶才能看清楚报纸上的字

（2）除非扁桃体疼得很厉害　　我才会看

（3）除非戴上眼镜　　　　　　我才能搬走这个箱子

（4）除非有人帮助我　　　　　大夫才会给他做手术

（5）除非电视剧特别精彩　　　李华才会做饭

（二）只 09-4

1. 朗读下列句子，画出"只"后面的词语。 Bacalah kalimat di bawah ini, dan tandai kata atau frasa yang berada di belakang "只".

（1）学长只<u>能帮你这些了</u>！

（2）中国菜我只会吃，不会做。

（3）我的钱包里只剩下五块钱了。

（4）今年这家外企只招聘一个人。

（5）一个人不能只考虑自己，还要为他人着想。

2. 根据图片，用"只"完成句子，然后朗读。 Lengkapilah kalimat menggunakan "只" berdasarkan gambar yang diberikan, kemudian bacalah.

（1）教室里<u>只有一个人</u>。

（2）我_____，不想吃别的。

（3）昨天晚上看球赛，大双_____。

（4）阿里_____，就说得这么好。

（5）来中国以后，金美英_____，没去过别的地方。

Kosakata tambahan 扩展生词  09-5

1. 空调　kōngtiáo　n.　AC, pendingin ruangan
2. 谈　tán　v.　diskusi, berbicara
3. 合作　hézuò　v.　kerja sama
4. 进入　jìnrù　v.　memasuki
5. 决赛　juésài　n.　final
6. 钱包　qiánbāo　n.　dompet
7. 外企　wàiqǐ　n.　perusahaan asing
8. 招聘　zhāopìn　v.　membuka lowongan kerja, merekrut
9. 考虑　kǎolǜ　v.　mempertimbangkan
10. 他人　tārén　pron.　orang lain
11. 着想　zhuóxiǎng　v.　memikirkan

7 Pembelajaran kosakata dan karakter Mandarin 学习词汇和汉字

1. 朗读下列词语，然后为它们选择相应的图片。Bacalah kata-kata di bawah ini, kemudian isilah pada gambar yang sesuai.

a. 餐厅 cāntīng
b. 厨房 chúfáng
c. 客厅 kètīng
d. 卧室 wòshì
e. 卫生间 / 洗手间 wèishēngjiān/xǐshǒujiān
f. 车库 chēkù
g. 门 mén
h. 窗户 chuānghu
i. 楼梯 lóutī

2. 说说你家各个房间的位置。Ceritakan setiap letak ruangan di rumahmu.

Contoh：（1）餐厅 在客厅的北边。Cāntīng zài kètīng de běibian.　（2）我家有 三个卧室。Wǒ jiā yǒu sān gè wòshì.

3. 朗读下列汉字，然后根据共同部分给汉字分类，说说共同部分是什么意思。
Bacalah karakter Mandarin di bawah ini, kemudian kelompokkan berdasarkan bagian yang sama dan sebutkan arti bagian yang sama tersebut.

a. 士 shì　b. 土 tǔ　c. 肚 dù　d. 室 shì　e. 在 zài　f. 吉 jí
g. 坐 zuò　h. 声 shēng　i. 志 zhì　j. 压 yā　k. 社 shè　l. 结 jié

（1）士 ＿＿＿ ＿＿＿ ＿＿＿ ＿＿＿ ＿＿＿

（2）土 ＿＿＿ ＿＿＿ ＿＿＿ ＿＿＿ ＿＿＿

Aktivitas Berkomunikasi 交际活动

1. 三人一组扮演课文中的角色一起去喝咖啡，编一段8－10句的对话，谈论坐电梯的事。Buatlah kelompok yang terdiri dari 3 orang, perankan karakter-karakter dalam teks bacaan yang bersama-sama pergi untuk minum kopi, buat percakapan dengan 8-10 kalimat, dan diskusikan mengenai kejadian pada saat naik lift.

2. 说说你如何第一次向异性朋友提出约会的请求。Ceritakan bagaimana kamu pertama kali mengajak teman lawan jenis untuk janjian/berkencan.

Bab 10

Yǒuqù de xiéyīncí
有趣的谐音词
Kata homofon yang menarik

1 Teks 课 文 借助生词表，快速浏览课文后：举例说明汉语的谐音词。 10-1

Dengan bantuan daftar kosakata, baca sekilas bacaan, kemudian jawab pertanyaan: Berikan contoh kata homofon dalam bahasa Mandarin.

Hànyǔ yǒu hěn duō xiéyīncí, tāmen de shǐyòng fǎnyìng
汉语有很多谐音词，它们的使用反映

chū yìxiē yǒuqù de Zhōngguó wénhuà xiànxiàng.
出一些有趣的中国文化现象。

Bǐrú Chūnjié de shíhou, Zhōngguórén xǐhuan chī jī,
比如春节的时候，中国人喜欢吃鸡、

chī yú, yīnwèi "jī" hé "jí" xiéyīn, biǎoshì
吃鱼，因为"鸡"和"吉"谐音，表示

"jílì", "yú" hé "yú" xiéyīn, biǎoshì
"吉利"，"鱼"和"余"谐音，表示

"niánnián yǒu yú"; jiārén hé péngyou zhī jiān bù néng fēn
"年年有余"；家人和朋友之间不能分

lí chī, yīnwèi "fēn lí" hé "fēnlí" xiéyīn;
梨吃，因为"分梨"和"分离"谐音；

sòng péngyou lǐwù bù néng sòng zhōng, yīnwèi "sòng zhōng"
送朋友礼物不能送钟，因为"送钟"

hé "sòng zhōng" xiéyīn; rénmen bù xǐhuan yǒu "sì"
和"送终"谐音；人们不喜欢有"4"

de chēpái hé diànhuà hàomǎ, yīnwèi "sì" hé "sǐ"
的车牌和电话号码，因为"4"和"死"

xiéyīn.
谐音。

Xiéyīncí de shǐyòng shǐ Hànyǔ de biǎodá fēngfù
谐音词的使用使汉语的表达丰富

ér yǒuqù.
而有趣。

Jawab pertanyaan 回答问题

Hànyǔ de xiéyīncí duō ma?
1. 汉语的谐音词多吗？

Xiéyīncí yǒu shénme yòng?
2. 谐音词有什么用？

Chūnjié de shíhou, Zhōngguórén xǐhuan chī shénme?
3. 春节的时候，中国人喜欢吃什么？

Wèi shénme?
为什么？

Jiārén hé péngyou zhī jiān wèi shénme bù néng fēn lí chī?
4. 家人和朋友之间为什么不能分梨吃？

Sòng péngyou lǐwù wèi shénme bù néng sòng zhōng?
5. 送朋友礼物为什么不能送钟？

Zhōngguórén wèi shénme bù xǐhuan yǒu "sì" de
6. 中国人为什么不喜欢有"4"的

chēpái, diànhuà hàomǎ?
车牌、电话号码？

Xiéyīncí duì Hànyǔ yǒu shénme hǎochù?
7. 谐音词对汉语有什么好处？

2. Kosakata baru 生词 🔘 10-2

1. 谐音词 xiéyīncí n. kata homofon
   谐音 xiéyīn v. homofon
2. 反映 fǎnyìng v. mencerminkan, menggambarkan
3. 现象 xiànxiàng n. fenomena, peristiwa
4. 鸡 jī n. ayam
5. 鱼 yú n. ikan
6. 吉 jí a. keberuntungan
7. 余 yú v. berlebih
8. 年年有余 niánnián-yǒuyú setiap tahun berkelebihan
9. 梨 lí n. pir
10. 分离 fēnlí v. berpisah
11. 钟 zhōng n. jam
12. 送终 sòng zhōng v. melayat
13. 车牌 chēpái n. nomor plat mobil
14. 死 sǐ v. meninggal
15. 而 ér conj. dan, serta

3. Catatan 注释

1. 谐音词的使用使汉语的表达丰富而有趣。

   Sama seperti "让" dan "叫", kata kerja "使" berarti menyebabkan (beberapa perilaku atau keadaan berubah).

2. 谐音词的使用使汉语的表达丰富而有趣。

   Kata penghubung "而" menghubungkan dua kata yang saling melengkapi, dan hanya dapat digunakan diantara kata kerja atau kata sifat tetapi tidak dapat digunakan diantara kata benda.

4. Menceritakan kembali teks bacaan 复述课文

汉语有……，它们的……反映出……。

比如……的时候，中国人喜欢……，因为……，表示……，"鱼"……谐音，表示……；家人和朋友之间……，因为……谐音；送朋友礼物……，因为……谐音；人们不喜欢……，因为……谐音。

谐音词的使用使……而……。

5. Bacaan dalam bahasa Indonesia 译文

Bahasa Mandarin memiliki banyak kata homofon, penggunaannya menggambarkan beberapa perisiwa budaya Tiongkok yang menarik.

Misalnya saat Tahun Baru Imlek, orang Tiongkok suka makan ayam, ikan, karena "鸡" ji (ayam) dan "吉" ji (keberuntungan) homofon, menunjukkan "吉利" ji li (keberuntungan), "鱼" yu (ikan) dan "余" yu (berlebih) homofon, menunjukkan "年年有余" nian nian you yu (setiap tahun berkelebihan, berlimpah); antara keluarga dan teman tidak boleh berbagi makan buah pir, karena "分梨" fen li (berbagi buah pir) dan "分离" fen li (berpisah) homofon; tidak boleh memberi hadiah jam ke teman, karena "送钟" song zhong (memberi jam) dan "送终" song zhong (melayat) homofon; orang-orang tidak suka dengan plat mobil atau nomor telepon yang ada angka 4, karena "4" si dan "死" si (mati) homofon.

Penggunaan kata homofon membuat pengungkapan bahasa Mandarin lebih bervariasi dan menarik.

6 Tata bahasa 学习语法

（一）使  10-3

1. 朗读下列句子，画出"使"后面的X和Y。Bacalah kalimat di bawah ini, dan tandai X dan Y yang berada di belakang "使".

   （1）谐音词的使用 使 <u>汉语的表达</u> <u>丰富而有趣</u>。
   　　　　　　　　　　　X　　　　Y

   （2）他 冷冰冰 的态度 使我 很 伤心。

   （3）这部电视剧使她很快就出了名。

   （4）气候 变 暖 使人们 认识到 保护 环境 很 重要。

   （5）谦虚使人进步，骄傲使人落后。

2. 连词成句，然后朗读。Hubungkan menjadi sebuah kalimat, kemudian bacalah.

   （1）儿子的想法　非常 生气　使　爸爸
   　　<u>儿子的想法使爸爸非常 生气。</u>

   （2）大家　这个好消息　很 兴奋　使　都

   （3）忙碌的 生活　很 充实　我们　使　感到

   （4）很 感动　同事们的关心　我　使

   （5）音乐　变得　可以　使 生活 更 快乐

（二）而 10-4

1. 朗读下列句子，画出"而"前面和后面的词语。Bacalah kalimat di bawah ini, dan tandai kata atau frasa yang berada di depan dan di belakang "而".

   （1）谐音词的使用 使汉语的表达 <u>丰富</u>而<u>有趣</u>。

   （2）这里的人们 热情而友好。

   （3）吐鲁番是个神秘而美丽的地方。

   （4）这个地方的气候 温暖而湿润。

   （5）伦敦 跟北京一样，都是古老而现代的 城市。

2. 根据图片和提示词语，用"而"造句，然后朗读。Buatlah kalimat menggunakan "而", berdasarkan gambar dan petunjuk yang diberikan, kemudian bacalah.

（1）<u>新疆 的姑娘美丽而热情</u>。（美丽　热情）

（2）_____。（清楚　流利）

（3）_____。（简单　幽默）

（4）_____。（便宜　好看）

（5）_____。（整齐　干净）

Kosakata tambahan 扩展生词  10-5

1. 出名　chū míng　v.　terkenal
2. 暖　nuǎn　a.　hangat
3. 谦虚　qiānxū　a.　rendah hati
4. 进步　jìnbù　v.　maju, berkembang
5. 骄傲　jiāo'ào　a.　bangga, sombong
6. 落后　luòhòu　v.　tertinggal
7. 热情　rèqíng　a.　bersemangat, antusias
8. 友好　yǒuhǎo　a.　bersahabat
9. 神秘　shénmì　a.　misterius
10. 美丽　měilì　a.　cantik
11. 温暖　wēnnuǎn　a.　hangat
12. 湿润　shīrùn　a.　lembab
13. 古老　gǔlǎo　a.　tua, kuno

7 Pembelajaran kosakata dan karakter Mandarin　学习词汇和汉字

1. 朗读下列词语，然后为它们选择相应的图片。Bacalah kata-kata di bawah ini, kemudian isilah pada gambar yang sesuai.

2. 为上面的词语加上数词和量词。Berilah angka dan kata bantu bilangan untuk kata-kata di atas.

   Contoh：两　双　筷子
   　　　　liǎng shuāng kuàizi

3. 朗读下列汉字，然后根据共同部分给汉字分类，说说共同部分是什么意思。
   Bacalah karakter Mandarin di bawah ini, kemudian kelompokkan berdasarkan bagian yang sama dan sebutkan arti bagian yang sama tersebut.

   　　shè　　bèi　　ǎo　　fú　　kù　　shén　　shān
   a. 社　b. 被　c. 袄　d. 福　e. 裤　f. 神　g. 衫

   　　chèn　　zǔ　　páo　　lǐ　　qún　　shì
   h. 衬　i. 祖　j. 袍　k. 礼　l. 裙　m. 视

   （1）社 _____ _____ _____ _____ _____ _____

   （2）被 _____ _____ _____ _____ _____ _____

8 Aktivitas Berkomunikasi　交际活动

1. 跟同伴编一段介绍汉语同音词的对话。（8–10句）Buat percakapan bersama dengan temanmu mengenai homofon dalam bahasa Mandarin. (8-10 kalimat)

2. 说说你们的语言中有哪些同音词，这些同音词可能产生什么误会。Sebutkan kata-kata homofon yang ada dalam bahasamu, dan kesalahpahaman apa saja yang dapat terjadi dari kata-kata homofon ini?

41

Bab 11

Hǎitún hé shāyú
海豚和鲨鱼
Lumba-lumba dan ikan hiu

1 Teks 课文 借助生词表，快速浏览课文后回答问题：海豚做了什么？ 11-1

Dengan bantuan daftar kosakata, baca sekilas bacaan, kemudian jawab pertanyaan: Apa yang telah dilakukan lumba-lumba?

Yí wèi bàba dàizhe nǚ'ér zài hǎi li yóu yǒng,
一位爸爸带着女儿在海里游泳，
zhèng yóu de gāoxìng, tūrán yóu guolai jǐ tiáo hǎitún.
正游得高兴，突然游过来几条海豚。
Hǎitún bǎ tāmen jǐnjǐn de wéi zài zhōngjiān, bú ràng
海豚把他们紧紧地围在中间，不让
tāmen chūqu.
他们出去。

Bàba zhèng juéde qíguài, tūrán kàndào yì tiáo
爸爸正觉得奇怪，突然看到一条
dà shāyú cháo tāmen yóu guolai. Tāmen fāxiàn,
大鲨鱼朝他们游过来。他们发现，
zhǐyào dà shāyú yóu guolai, hǎitúnmen jiù yòng lì de
只要大鲨鱼游过来，海豚们就用力地

pāidǎ shuǐmiàn, bú ràng tā kàojìn. Dà shāyú chángshìle
拍打水面，不让它靠近。大鲨鱼尝试了
hǎojǐ cì dōu shībài le, zuìhòu zhǐhǎo shīwàng de
好几次都失败了，最后只好失望地
líkāi le.
离开了。

Děng dà shāyú yóu de hěn yuǎn le, zhèxiē kě'ài
等大鲨鱼游得很远了，这些可爱
de hǎitún cái ràng bàba hé nǚ'ér yóu chuqu, bìngqiě
的海豚才让爸爸和女儿游出去，并且
yìzhí gēn zài hòumiàn, bǎ tāmen sòngdào ànbiān.
一直跟在后面，把他们送到岸边。

Jawab pertanyaan 回答问题

Bàba dàizhe nǚ'ér zuò shénme?
1. 爸爸带着女儿做什么？

Tūrán fāshēngle shénme shì?
2. 突然发生了什么事？

Hǎitún zuòle shénme?
3. 海豚做了什么？

Bàba tūrán kàndàole shénme?
4. 爸爸突然看到了什么？

Dà shāyú yóu guolai de shíhou hǎitún zuòle shénme?
5. 大鲨鱼游过来的时候海豚做了什么？

Zuìhòu, dà shāyú zěnmeyàng le?
6. 最后，大鲨鱼怎么样了？

Shénme shíhou hǎitún cái ràng bàba hé nǚ'ér yóu chuqu?
7. 什么时候海豚才让爸爸和女儿游出去？

Tāmen yóu chuqu yǐhòu, hǎitún hái zuòle shénme?
8. 他们游出去以后，海豚还做了什么？

42

2 Kosakata baru 生 词 🔘 11-2

1. 海 hǎi n. laut
2. 游 yóu v. berenang
3. 海豚 hǎitún n. lumba-lumba
4. 紧紧 jǐnjǐn erat-erat, rapat
5. 鲨鱼 shāyú n. ikan hiu
6. 朝 cháo p. menghadap, mengarah
7. 用力 yòng lì v. menggunakan tenaga
8. 拍打 pāidǎ v. menepuk, memukul
   拍 pāi v. menepuk, memukul
9. 水面 shuǐmiàn n. permukaan air
10. 靠近 kàojìn v. mendekat, mendekati
11. 尝试 chángshì v. mencoba
12. 好几 hǎojǐ num. beberapa
13. 失望 shīwàng v. kecewa
14. 可爱 kě'ài a. lucu, imut
15. 并且 bìngqiě conj. dan juga, serta
16. 岸边 ànbiān n. tepi pantai

3 Catatan 注 释

1. 一条大鲨鱼朝他们游过来。

   Kata depan "朝" menunjukkan kata benda atau kata ganti di belakangnya adalah arah tujuan dari suatu tindakan.

2. 只要大鲨鱼游过来，海豚们就用力地拍打水面

   Struktur "只要X，就Y" (asalkan X, maka Y) berarti selama memenuhi kondisi X, maka hasil Y pasti akan datang.

4 Menceritakan kembali teks bacaan 复述课文

爸爸……，正……，突然……。海豚把他们……，不让……。

爸爸正……，突然看到……。他们发现，只要……，海豚们就……，不让……。大鲨鱼……，最后只好……。

等大鲨鱼……，这些……才……，并且……，把他们……。

5 Bacaan dalam bahasa Indonesia 译 文

Seorang ayah membawa anak perempuannya berenang ke laut, saat sedang asyik berenang, tiba-tiba beberapa ekor lumba-lumba berenang mendekat. Lumba-lumba mengelilingi mereka dengan rapat, tidak membiarkan mereka keluar.

Saat ayah merasa ada yang aneh, tiba-tiba ia melihat seekor ikan hiu besar berenang ke arah mereka. Mereka menyadari asalkan setiap kali ikan hiu besar berenang mendekat, sekelompok lumba-lumba tersebut akan dengan sekuat tenaga menepuk-nepuk permukaan air, agar ikan hiu tidak mendekat. Ikan hiu besar beberapa kali mencoba namun semuanya gagal, akhirnya ikan hiu besar dengan kecewa pergi meninggalkan mereka.

Menunggu sampai ikan hiu besar berenang sangat jauh, barulah sekelompok lumba-lumba yang lucu ini membiarkan sang ayah dan anak perempuan berenang keluar, serta terus mengikuti mereka dari belakang, mengantar mereka sampai ke tepi pantai.

6 Tata bahasa 学习语法

（一）朝  11-3

1. 朗读下列句子，画出"朝"后面的词语。 Bacalah kalimat di bawah ini, dan tandai kata atau frasa yang berada di belakang "朝".

(1) Yì tiáo dà shāyú cháo tāmen yóu guolai.
一条大鲨鱼朝 <u>他们游过来</u>。

(2) Jǐngchá wēixiàozhe cháo wǒ zhāozhao shǒu, ràng wǒ bǎ chē tíngxià.
警察微笑着朝我招招手，让我把车停下。

(3) Tā kànle kàn shǒubiǎo, jiāojí de cháo ménkǒu wàngqu.
他看了看手表，焦急地朝门口望去。

(4) Nín cháo nán zǒu yìbǎi mǐ, jiù yǒu yí gè dìtiězhàn.
您朝南走一百米，就有一个地铁站。

(5) Tā gāngà de cháo wǒ xiàole xiào, shuō: "Duìbuqǐ, wǒ rèncuò rén le."
他尴尬地朝我笑了笑，说："对不起，我认错人了。"

2. 根据图片和提示词语，用"朝"完成句子，然后朗读。 Lengkapilah kalimat menggunakan "朝", berdasarkan gambar dan petunjuk yang diberikan, kemudian bacalah.

    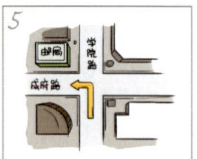

(1) Tāmen zǒuchu shāngchǎng, cháo kāfēiguǎnr zǒuqu.
他们走出商场，<u>朝咖啡馆儿走去</u>。（咖啡馆儿 走去）

(2) Tā tīngdào yǒu rén hǎn tā, jiù_____。（后面 看去）
他听到有人喊他，就

(3) Yào shàng kè le, tóngxuémen_____。（教室 跑去）
要上课了，同学们

(4) Yòu'éryuán mén yì kāi, háizimen jiù_____。（自己的爸爸妈妈 跑去）
幼儿园门一开，孩子们就

(5) _____，第一个路口左拐，就是学院路邮局。（北 走）
dì-yī gè lùkǒu zuǒ guǎi, jiù shì Xuéyuàn Lù yóujú. (běi zǒu)

（二）只要X，就Y  11-4

1. 朗读下列句子，画出X和Y。 Bacalah kalimat di bawah ini, dan tandai X dan Y.

(1) Zhǐyào dà shāyú yóu guolai, hǎitúnmen jiù yòng lì de pāidǎ shuǐmiàn.
只要<u>大鲨鱼游过来</u>，海豚们就<u>用力地拍打水面</u>。
　　　X　　　　　　　　　　Y

(2) Zhǐyào yǒu shíjiān, tā jiù huì qù gū'éryuàn zuò yìgōng.
只要有时间，他就会去孤儿院做义工。

(3) Zhǐyào shì qùguo Hángzhōu de rén, jiù yídìng huì xǐhuan shàng Xī Hú.
只要是去过杭州的人，就一定会喜欢上西湖。

(4) Zhǐyào shì jīnzi jiù huì fāguāng.
只要是金子就会发光。

(5) Zhǐyào wǒ dāying de shì, jiù yídìng yào zuòdào.
只要我答应的事，就一定要做到。

2. 用"只要……就……"组句，然后朗读。 Susunlah kalimat menggunakan "只要……就……", kemudian bacalah.

(1) yí fèn hǎo gōngzuò tā hěn mǎnzú
　　一份好工作　她　很满足
Zhǐyào yǒu yí fèn hǎo gōngzuò, tā jiù hěn mǎnzú.
<u>只要有一份好工作，她就很满足。</u>

(2) qù pá shān wǒmen míngtiān bú xià yǔ
　　去爬山　我们　明天不下雨

(3) hé tā zài yìqǐ gǎndào hěn xìngfú wǒ
　　和他在一起　感到很幸福　我

(4) huì bāng máng qù zhǎo tā
　　会帮忙　去找他

(5) wǒmen bú huì fàngqì yǒu yìdiǎnr xīwàng
　　我们　不会放弃　有一点儿希望

Kosakata tambahan 扩展生词  11-5

1. 招手	zhāo shǒu	v. melambaikan tangan		
2. 手表	shǒubiǎo	n. jam tangan		
3. 焦急	jiāojí	a. cemas		
4. 尴尬	gāngà	a. canggung, kikuk		
5. 孤儿院	gū'éryuàn	n. panti asuhan		

5. 孤儿 gū'ér n. anak yatim piatu
6. 义工 yìgōng n. sukarelawan, relawan
7. 金子 jīnzi n. emas
8. 发光 fāguāng v. bercahaya

Kata benda spesifik 专有名词

西湖 Xī Hú Danau Xihu, danau di kota Hangzhou

7 Pembelajaran kosakata dan karakter Mandarin 学习词汇和汉字

1. 朗读下列词语，然后把它们填到图中相应的位置。Bacalah kata-kata di bawah ini, kemudian isilah pada gambar yang sesuai.

a. 狗 (gǒu)   b. 猫 (māo)   c. 熊猫 (xióngmāo)
d. 鸡 (jī)   e. 鱼 (yú)   f. 海豚 (hǎitún)
g. 鸟 (niǎo)   h. 鲨鱼 (shāyú)   i. 母鸡 (mǔjī)
j. 羊 (yáng) (kambing)
k. 牛 (niú) (kerbau)

2. 为上面的词语加上数词和量词。
   Berilah angka dan kata bantu bilangan untuk kata-kata di atas.

   Contoh：两 只 狗 (liǎng zhī gǒu)

3. 读下列汉字，然后根据共同部分给汉字分类，说说共同部分是什么意思。
   Bacalah karakter Mandarin di bawah ini, kemudian kelompokkan berdasarkan bagian yang sama, dan sebutkan arti bagian yang sama tersebut.

   a. 点 (diǎn) b. 灰 (huī) c. 烧 (shāo) d. 煮 (zhǔ) e. 熟 (shú) f. 炉 (lú) g. 热 (rè)
   h. 烛 (zhú) i. 烈 (liè) j. 烟 (yān) k. 灯 (dēng) l. 照 (zhào) m. 烫 (tàng) n. 焦 (jiāo)

   （1）点 _____

   （2）灰 _____

8 Aktivitas Berkomunikasi 交际活动

1. 三四人一组，编一段爸爸、女儿和海豚的对话。Buatlah percakapan tentang ayah, anak perempuan, dan lumba-lumba dengan kelompok yang terdiri dari 3-4 orang.

2. 描述一下你喜欢的动物或植物，并说说你为什么喜欢它。Deskripsikan binatang atau tumbuhan yang kamu sukai, dan ceritakan mengapa kamu menyukainya.

45

Bab 12

Shénme yě méi zuò
什么也没做
Tidak melakukan apa-apa

1 Teks 课文 借助生词表，快速浏览课文后回答问题：妻子今天做什么了？ 12-1

Dengan bantuan daftar kosakata, baca sekilas bacaan, kemudian jawab pertanyaan: Apa yang telah dilakukan sang istri hari ini?

Zhàngfu xià bān huí jiā, chī jīng de fāxià, jiāli
丈夫 下班 回家，吃惊 地 发现，家里
shízài tài luàn le! Háizimen liǎnshang, shēnshang dōu
实在 太 乱 了！孩子们 脸上、身上 都
hěn zāng; dìtǎn shang duīmǎnle zāng yīfu; chúfáng li,
很 脏；地毯 上 堆满了 脏 衣服；厨房 里，
lián wǎn dōu méiyǒu xǐ.
连 碗 都 没有 洗。

Jiāli jiūjìng fāshēngle shénme shì? Tā jímáng
家里 究竟 发生了 什么 事？他 急忙
bènxiàng wòshì, kàn jiàn qīzi zhèng yōuxián de tǎng zài
奔向 卧室，看见 妻子 正 悠闲 地 躺 在
chuáng shang fān xiàngcè.
床 上 翻 相册。

Zhàngfu jīngqí de wèn: "Jīntiān jiāli zěnme
丈夫 惊奇 地 问："今天 家里 怎么
le?" Qīzi déyì de huídá shuō: "Nǐ měi tiān
了？"妻子 得意 地 回答 说："你 每天
xià bān, zǒngshì wèn 'jīntiān nǐ zài jiāli zuòle
下班，总是 问'今天 你 在 家里 做了
shénme', xiànzài nǐ kàndào le, jīntiān wǒ shénme
什么'，现在 你 看到 了，今天 我 什么
yě méi zuò."
也 没 做。"

Jawab pertanyaan 回答问题

Zhàngfu xià bān huí jiā fāxiànle shénme?
1. 丈夫 下班 回家 发现了 什么？

Háizimen shì shénme yàngzi?
2. 孩子们 是 什么 样子？

Chúfáng li shì shénme yàngzi?
3. 厨房 里 是 什么 样子？

Qīzi zài nǎr? Tā zhèngzài zuò shénme?
4. 妻子 在 哪儿？她 正在 做 什么？

Zhàngfu měi tiān xià bān wèn qīzi shénme?
5. 丈夫 每天 下班 问 妻子 什么？

Qīzi měi tiān dōu zuò shénme?
6. 妻子 每天 都 做 什么？

Qīzi jīntiān zuò shénme le?
7. 妻子 今天 做 什么 了？

2 Kosakata baru 生词 12-2

1. 吃惊 chījīng v. terkejut
2. 家里 jiāli di rumah
3. 实在 shízài adv. benar-benar
4. 脸上 liǎnshang di muka, pada wajah
   脸 liǎn n. muka, wajah
5. 身上 shēnshang di badan
6. 地毯 dìtǎn n. karpet
7. 堆满 duīmǎn dipenuhi, terisi
8. 究竟 jiūjìng adv. *(digunakan dalam pertanyaan untuk menekankan)* sebenarnya, sesungguhnya
9. 急忙 jímáng adv. segera, bergegas, tergesa-gesa
10. 奔向 bēnxiàng menuju, berlari menuju
    奔 bēn v. berlari, menyerbu
11. 床 chuáng n. ranjang, tempat tidur
12. 翻 fān v. membalik
13. 相册 xiàngcè n. album foto
14. 惊奇 jīngqí a. mengejutkan, heran

3 Catatan 注释

1. 厨房里，连碗都没有洗。

Pada struktur "连……都……(bahkan…)", kata atau frasa di belakang "连" adalah contoh tipikal/umum dari jenisnya. Struktur ini menekankan bahwa bahkan hal atau situasi yang tipikal/umum pun seperti ini, belum lagi yang lainnya. Terkadang dapat pula menggunakan "连……也……".

2. 你每天下班，总是问"今天你在家里做了什么"

Kata keterangan "总是"berarti "secara konstan, terus-menerus" dan "selalu".

4 Menceritakan kembali teks bacaan 复述课文

丈夫……，吃惊……，家里……！孩子们……；地毯上……；厨房里，连……都……。

家里究竟……？他急忙……，看见……正悠闲地……。

丈夫……地问："今天……？"妻子……说："你……，总是问'……'，现在……，今天我……。"

5 Bacaan dalam bahasa Indonesia 译文

Sang suami seusai kerja pulang ke rumah, terkejut menemukan rumah dalam kondisi yang benar-benar sangat berantakan! Muka dan badan anak-anak semua sangat kotor; di atas karpet penuh dengan tumpukan baju kotor. Di dapur, bahkan mangkuk-mangkuk pun juga tidak dicuci.

Apa yang sebenarnya terjadi di rumah? Ia bergegas lari menuju kamar tidur, melihat istri sedang berbaring santai di atas ranjang melihat-lihat album foto.

Sang suami dengan heran bertanya: "Apa yang terjadi di rumah hari ini?" Sang istri dengan bangga menjawab : "Kamu setiap hari sepulang kerja, selalu bertanya 'Kamu hari ini melakukan apa saja di rumah', sekarang kamu telah melihat, aku tidak melakukan apa-apa hari ini."

6 Tata bahasa 学习语法

（一）连……都/也……  12-3

1. 朗读下列句子，画出"连"和"都/也"后面的词语。 Bacalah kalimat di bawah ini, dan tandai kata atau frasa yang berada di belakang "连" dan "都/也".

（1）厨房里，连碗都没有洗。
Chúfáng li, lián wǎn dōu méiyǒu xǐ.

（2）爸爸连饭也没吃就走了。
Bàba lián fàn yě méi chī jiù zǒu le.

（3）她嗓子疼得连一句话也说不出来了。
Tā sǎngzi téng de lián yí jù huà yě shuō bu chūlái le.

（4）水星虽然被称为"水星"，实际上
Shuǐxīng suīrán bèi chēngwéi "shuǐxīng", shíjìshang

那里连一滴水都没有。
nàli lián yì dī shuǐ dōu méiyǒu.

（5）我连做梦都没有想到，我们竟然
Wǒ lián zuò mèng dōu méiyǒu xiǎngdào, wǒmen jìngrán

会在海外相遇。
huì zài hǎiwài xiāngyù.

2. 根据图片，用"连……都/也……"完成句子，然后朗读。 Lengkapilah kalimat menggunakan "连……都/也……", berdasarkan gambar yang diberikan, kemudian bacalah.

（1）小刘什么都不喜欢，连电影都不看。
Xiǎo Liú shénme dōu bù xǐhuan, lián diànyǐng dōu bú kàn.

（2）姐姐回到家，发现_____。
Jiějie huídào jiā, fāxiàn

（3）她忙了一天，_____。
Tā mángle yì tiān,

（4）小王在北京住了十年了，_____。
Xiǎo Wáng zài Běijīng zhùle shí nián le,

（5）本杰明刚到中国的时候，_____。
Běnjiémíng gāng dào Zhōngguó de shíhou,

（二）总是 12-4

1. 朗读下列句子，画出"总是"后面的动词或短语。 Bacalah kalimat di bawah ini dan tandai kata kerja atau frasa yang berada di belakang "总是".

（1）丈夫总是问妻子："今天你在家里
Zhàngfu zǒngshì wèn qīzi: "Jīntiān nǐ zài jiāli

做了什么？"
zuòle shénme?"

（2）小张出门的时候总是背着那个
Xiǎo Zhāng chū mén de shíhou zǒngshì bēizhe nàge

黑色的背包。
hēisè de bēibāo.

（3）每天上课他总是坐在第一排。
Měi tiān shàng kè tā zǒngshì zuò zài dì-yī pái.

（4）我一直想认识她，但总是没有机会。
Wǒ yìzhí xiǎng rènshi tā, dàn zǒngshì méiyǒu jīhuì.

（5）随着社会的发展，语言也总是在
Suízhe shèhuì de fāzhǎn, yǔyán yě zǒngshì zài

不断地发展变化。
búduàn de fāzhǎn biànhuà.

2. 连线成句，然后朗读。 Hubungkan menjadi sebuah kalimat kemudian bacalah.

（1）丁山每天不做别的　　　　总是第一个到办公室
Dīng Shān měi tiān bú zuò bié de　　　zǒngshì dì-yī gè dào bàngōngshì

（2）最近工作压力太大　　　　总是不习惯那里的生活
zuìjìn gōngzuò yālì tài dà　　　zǒngshì bù xíguàn nàli de shēnghuó

（3）小王的想法　　　　总是上网
Xiǎo Wáng de xiǎngfǎ　　　zǒngshì shàng wǎng

（4）他每天起得很早　　　　总是跟大家不一样
tā měi tiān qǐ de hěn zǎo　　　zǒngshì gēn dàjiā bù yíyàng

（5）姐姐在新疆半年了　　　　我总是睡不着
jiějie zài Xīnjiāng bàn nián le　　　wǒ zǒngshì shuì bu zháo

Kosakata tambahan 扩展生词  12-5

1. 实际上 shíjìshang adv. kenyataannya
   实际 shíjì a./n. kenyataan
2. 那里 nàli pron. di sana
3. 滴 dī n.(kbb) tetes
4. 海外 hǎiwài n. luar negeri
5. 相遇 xiāngyù v. bertemu
6. 背包 bēibāo n. tas ransel
7. 机会 jīhuì n. kesempatan
8. 随着 suízhe p. seiring, menyertai
9. 不断 búduàn adv. terus-menerus
10. 变化 biànhuà v. berubah

7 Pembelajaran kosakata dan karakter Mandarin 学习词汇和汉字

1. 朗读下列词语，然后为它们选择相应的图片。Bacalah kata-kata di bawah ini, kemudian isilah pada gambar yang sesuai.

a. chènyī 衬衣
b. màozi 帽子
c. bēibāo 背包
d. xiàngliàn 项链
e. shǒubiǎo 手表
f. máoyī 毛衣
g. kùzi 裤子
h. yǎnjìng 眼镜
i. lǐngdài 领带
j. yùndòngxié 运动鞋

2. 说说与衣着搭配的动词和它们的颜色。Cari pasangan kata kerja yang tepat untuk benda di atas dan sebutkan warnanya.

Contoh：*Chuān lánsè de máoyī, dài hēisè de màozi.*
穿 蓝色的毛衣，戴黑色的帽子。

3. 朗读下列常用汉字，并组词。
Bacalah karakter umum Mandarin di bawah ini, dan kelompokkan menjadi kata.  12-6

shōu	gēn	gān/gàn	zào	yán	lián	chí	zǔ	měi	jì
收	根	干	造	言	联	持	组	每	济
chē	qīn	jí	lín	fú	kuài	bàn	yì	wǎng	yuán
车	亲	极	林	服	快	办	议	往	元
yīng	shì	zhèng	jìn	shī	zhuǎn	fū	lìng	zhǔn	bù
英	士	证	近	失	转	夫	令	准	布
shǐ	zěn	ne	cún	wèi	yuǎn	jiào	tái	dān	yǐng
始	怎	呢	存	未	远	叫	台	单	影
jù	luó	zì	ài	jī	liú	bèi	bīng	lián	diào/tiáo
具	罗	字	爱	击	流	备	兵	连	调

8 Aktivitas Berkomunikasi 交际活动

1. 跟同伴编一段丈夫和妻子的对话，说说妻子每天都做些什么。（8－10句）Buatlah percakapan antara sang suami dan sang istri bersama dengan temanmu, ceritakan apa saja yang dilakukan sang istri setiap harinya. (8-10 kalimat)

2. 说说在你们国家，丈夫和妻子在家里怎么分工。Ceritakan bagaimana pembagian kerja antara suami dan istri di rumah di negara kalian.

Bab 13

Lǎoniánrén de xiūxián shēnghuó
老年人的休闲生活
Kehidupan santai orang lanjut usia

1 Teks 课文

借助生词表，快速浏览课文后回答问题：中国的老年人喜欢做什么？ 13-1

Dengan bantuan daftar kosakata, baca sekilas bacaan, kemudian jawab pertanyaan: Apa yang suka dilakukan oleh orang-orang lanjut usia Tiongkok?

Zài Zhōngguó, lǎoniánrén de xiūxián fāngshì fēngfù-duōcǎi.
在中国，老年人的休闲方式丰富多彩。

Zǎoshang, tāmen xǐhuan zài gōngyuán li huódòng, yǒude dǎ
早上，他们喜欢在公园里活动，有的打

tàijíquán, yǒude chàng jīngjù, yǒude liàn shūfǎ.
太极拳，有的唱京剧，有的练书法。

Báitiān, yìxiē lǎorén xǐhuan qù lǎonián dàxué xuéxí huìhuà,
白天，一些老人喜欢去老年大学学习绘画、

shūfǎ, shèyǐng, xìqǔ děng, hái yǒu yìxiē lǎorén jīngcháng wéi zài
书法、摄影、戏曲等，还有一些老人经常围在

yìqǐ xià xiàngqí, dǎ májiàng.
一起下象棋，打麻将。

Wǎnshang, hěn duō lǎorén zài jiāli yìbiān kàn diànshì, yìbiān
晚上，很多老人在家里一边看电视，一边

hé jiārén liáo tiānr; yě yǒu yí bùfen lǎorén qù guǎngchǎng tiào wǔ.
和家人聊天儿；也有一部分老人去广场跳舞。

Zhōumò, lǎorén chángcháng hé érsūnmen zài yìqǐ, chī fàn,
周末，老人常常和儿孙们在一起，吃饭，

guàng gōngyuán, jiāoyóu, huòzhě qù kàn yǎnchū, tīng xiàngsheng,
逛公园，郊游，或者去看演出，听相声，

xiǎngshòu tiānlúnzhīlè.
享受天伦之乐。

Jawab pertanyaan 回答问题

Zhōngguó lǎoniánrén de xiūxián fāngshì duō ma?
1. 中国老年人的休闲方式多吗？

Zǎoshang, lǎorénmen zài gōngyuán li zuò shénme?
2. 早上，老人们在公园里做什么？

Lǎorénmen qù lǎonián dàxué xué shénme?
3. 老人们去老年大学学什么？

Lǎorénmen jīngcháng wéi zài yìqǐ zuò shénme?
4. 老人们经常围在一起做什么？

Wǎnshang lǎorénmen zuò shénme?
5. 晚上老人们做什么？

Zhōumò lǎorénmen chángcháng zuò shénme?
6. 周末老人们常常做什么？

2 Kosakata baru 生词 13-2

1. 老年人　lǎoniánrén　n.　orang lanjut usia
   老年　lǎonián　n.　tua, lanjut usia
2. 休闲　xiūxián　v.　santai
3. 丰富多彩　fēngfù-duōcǎi　berwarna-warni, bervariasi
4. 活动　huódòng　v.　kegiatan, aktivitas
5. 练　liàn　v.　berlatih
6. 绘画　huìhuà　v.　melukis
7. 摄影　shèyǐng　v.　fotografi
8. 戏曲　xìqǔ　n.　opera tradisional Tiongkok
9. 下　xià　v.　bermain (permainan papan, cth:catur)
10. 象棋　xiàngqí　n.　catur (Tiongkok)
11. 麻将　májiàng　n.　mahjong
12. 一边……一边……　yìbiān……yìbiān……　*menunjukkan 2 tindakan dilakukan dalam waktu bersamaan (sambil...sambil...)*
13. 广场　guǎngchǎng　n.　lapangan, plaza
14. 郊游　jiāoyóu　v.　tamasya ke pinggiran kota
15. 天伦之乐　tiānlúnzhīlè　kebahagiaan dalam keluarga

3 Catatan 注释

1. 他们喜欢在公园里活动，有的打太极拳，有的唱京剧，有的练书法。

   Struktur "有的……有的……" (ada yang…ada yang…) menunjukkan beberapa kondisi yang berbeda.

2. 很多老人在家里一边看电视，一边和家人聊天儿

   Struktur "一边……一边……" (sambil...sambil...) menunjukkan dua perilaku atau tindakan dilakukan dalam waktu bersamaan.

4 Menceritakan kembali teks bacaan 复述课文

在中国，老年人的……。
早上，他们喜欢……，有的……，有的……，有的……。
白天，一些老人……学习……、……、……、……等，还有一些老人……、……。
晚上，很多老人……一边……，一边……；也有一部分老人……。
周末，老人常常……一起，吃饭、……、……，或者去……、……，享受……。

5 Bacaan dalam bahasa Indonesia 译文

　　Di Tiongkok, cara orang lanjut usia mengisi waktu santainya sangatlah beragam.
　　Pagi hari, mereka suka beraktivitas di taman, ada yang melakukan Taichi, ada yang menyanyi Opera Beijing, dan ada pula yang berlatih kaligrafi.
　　Siang hari, beberapa orang tua suka pergi ke universitas lanjut usia untuk belajar melukis, kaligrafi, fotografi, opera tradisional, dll; ada juga beberapa orang tua yang sering berkumpul bersama untuk bermain catur atau mahjong.
　　Malam hari, banyak orang tua yang sambil menonton TV di rumah sambil mengobrol dengan anggota keluarganya, ada juga sebagian orang tua yang pergi menari di lapangan. Di akhir pekan, para orang tua biasanya makan bersama, berjalan-jalan ke taman, tamasya ke pinggir kota, atau pergi melihat pertunjukan, menonton Xiangsheng (lawakan tradisional Tiongkok) bersama anak dan cucu-cucu mereka, menikmati kebahagian bersama dengan keluarga.

6 Tata bahasa 学习语法

（一）有的……有的…… 🔘 13-3

1. 朗读下列句子，画出"有的"后面的词语。 Bacalah kalimat di bawah ini, dan tandai kata atau frasa yang berada di belakang "有的".

(1) 他们喜欢在公园里活动，有的 打太极拳，有的 唱京剧，有的 练书法。
　　Tāmen xǐhuan zài gōngyuán li huódòng, yǒude dǎ tàijíquán, yǒude chàng jīngjù, yǒude liàn shūfǎ.

(2) 我的朋友们性格都不一样，有的内向，有的外向。
　　Wǒ de péngyoumen xìnggé dōu bù yíyàng, yǒude nèixiàng, yǒude wàixiàng.

(3) 对这个计划，同事们有的同意，有的反对。
　　Duì zhège jìhuà, tóngshìmen yǒude tóngyì, yǒude fǎnduì.

(4) 春节期间，中国人用各种方法拜年，有的打电话，有的发短信，有的去家里拜年。
　　Chūnjié qījiān, Zhōngguórén yòng gè zhǒng fāngfǎ bài nián, yǒude dǎ diànhuà, yǒude fā duǎnxìn, yǒude qù jiāli bài nián.

(5) 每个人的生活态度都不一样，有的认为家庭最重要，有的认为事业最重要，有的认为财富最重要。
　　Měi gè rén de shēnghuó tàidù dōu bù yíyàng, yǒude rènwéi jiātíng zuì zhòngyào, yǒude rènwéi shìyè zuì zhòngyào, yǒude rènwéi cáifù zuì zhòngyào.

2. 根据提示词语完成句子，然后朗读。 Lengkapilah kalimat berdasarkan kata petunjuk yang diberikan, kemudian bacalah.

(1) 教室里，学生们 有的在写字，有的在听录音，有的在睡觉。（写字 听录音 睡觉）
　　Jiàoshì li, xuéshengmen yǒude zài xiě zì, yǒude zài tīng lùyīn, yǒude zài shuì jiào.

(2) 地铁上，人们_____，_____，_____。（玩儿手机 听音乐 看报纸）
　　Dìtiě shang, rénmen

(3) 假期到了，同学们_____，_____，_____。（打工 旅游 准备考试）
　　Jiàqī dào le, tóngxuémen

(4) 这个电影，观众们_____，_____。（喜欢 不喜欢）
　　Zhège diànyǐng, guānzhòngmen

（二）一边……一边…… 🔘 13-4

1. 朗读下列句子，画出"一边"后面的词语。 Bacalah kalimat di bawah ini, dan tandai kata atau frasa yang berada di belakang "一边".

(1) 很多老人在家里一边 看电视，一边 和家人聊天儿。
　　Hěn duō lǎorén zài jiāli yìbiān kàn diànshì, yìbiān hé jiārén liáo tiānr.

(2) 张新一边走路一边看手机，一下子撞到了树上。
　　Zhāng Xīn yìbiān zǒu lù yìbiān kàn shǒujī, yíxiàzi zhuàngdàole shùshang.

(3) 在老舍茶馆儿，人们一边喝茶一边听相声。
　　Zài Lǎoshě Cháguǎnr, rénmen yìbiān hē chá yìbiān tīng xiàngsheng.

(4) 有些人喜欢一边吃饭一边谈生意。
　　Yǒuxiē rén xǐhuan yìbiān chī fàn yìbiān tán shēngyi.

(5) 听中文讲座的时候，一边听一边记能提高汉语水平。
　　Tīng Zhōngwén jiǎngzuò de shíhou, yìbiān tīng yìbiān jì néng tígāo Hànyǔ shuǐpíng.

2. 根据图片完成句子，然后朗读。 Lengkapilah kalimat berdasarkan gambar yang diberikan, kemudian bacalah.

(1) 大卫 一边上学一边打工。
　　Dàwèi yìbiān shàng xué yìbiān dǎ gōng.

(2) 老李_____。
　　Lǎo Lǐ

(3) 马经理_____。
　　Mǎ jīnglǐ

(4) 火车上，于华_____。
　　Huǒchē shang, Yú Huá

Kosakata tambahan 扩展生词  13-5

1. 内向　nèixiàng　a.　introvert, kepribadian tertutup
2. 外向　wàixiàng　a.　ekstrovert, kepribadian terbuka
3. 计划　jìhuà　n.　rencana
4. 同意　tóngyì　v.　setuju
5. 反对　fǎnduì　v.　tidak setuju, menolak
6. 期间　qījiān　n.　periode, durasi, masa
7. 拜年　bài nián　v.　memberikan ucapan selamat Tahun Baru
8. 财富　cáifù　n.　kekayaan
9. 茶馆儿　cháguǎnr　n.　kedai teh
10. 有些　yǒuxiē　pron.　beberapa
11. 记　jì　v.　ingat

Kata benda spesifik 专有名词

1. 老舍茶馆儿　Lǎoshě Cháguǎnr　Kedai teh Lao She, kedai teh di Beijing
2. 老舍　Lǎoshě　Lao She (1899–1966), penulis dan pengarang drama Tiongkok

7 Pembelajaran kosakata dan karakter Mandarin 学习词汇和汉字

1. 朗读下列词语，然后为它们选择相应的图片。Bacalah kata-kata di bawah ini, kemudian isilah pada gambar yang sesuai.

   a. 童年 (tóngnián)　b. 老奶奶 (lǎonǎinai)　c. 小朋友 (xiǎopéngyǒu)
   d. 孩子 (háizi)　e. 年轻人 (niánqīngrén)　f. 小伙子 (xiǎohuǒzi)
   g. 儿童 (értóng)　h. 老年人 (lǎoniánrén)　i. 青年 (qīngnián) (muda)
   j. 老人 (lǎorén)　k. 老年 (lǎonián)　l. 中年 (zhōngnián) (separuh baya)
   m. 青年人 (qīngniánrén) (anak muda)
   n. 中年人 (zhōngniánrén) (orang separuh baya)

2. 说说你家谁是儿童、青年人、中年人、老年人。Sebutkan siapa saja yang disebut anak-anak, anak muda, orang separuh baya, dan orang lanjut usia di rumahmu.

3. 朗读下列词语，然后根据"老"的意思给词语分类。Bacalah kata-kata di bawah ini, kemudian kelompokkan berdasarkan arti dari "老".

   a. 老人 (lǎorén)　b. 老北京 (lǎo Běijīng)　c. 老板 (lǎobǎn)　d. 老奶奶 (lǎonǎinai)　e. 古老 (gǔlǎo)　f. 老年人 (lǎoniánrén)　g. 老年 (lǎonián)　h. 老师 (lǎoshī)

   （1）老板 _____　　（2）老人 _____ _____ _____ _____ _____

8 Aktivitas Berkomunikasi 交际活动

1. 三四人一组，扮演老年人，讨论选择什么休闲方式。Peranankanlah orang lanjut usia yang sedang berdiskusi kegiatan yang dipilih di waktu santai dengan membuat kelompok yang terdiri dari 3-4 orang.

2. 说说你们国家的老年人和年轻人都有哪些休闲方式。Ceritakan kegiatan santai apa saja yang dilakukan orang tua dan anak muda di negara kalian.

53

Bab 14

Qīng-Zàng Tiělù
青藏铁路
Jalur kereta Qinghai - Tibet

1 Teks 课文 借助生词表，快速浏览课文后回答问题：在青藏铁路的火车上可以看到什么？
Dengan bantuan daftar kosakata, baca sekilas bacaan, kemudian jawab pertanyaan: Apa yang dapat dilihat saat naik kereta jalur Qinghai - Tibet?

Qīng-Zàng Tiělù shì shìjiè shang zuì cháng, zuì gāo de tiělù, tā dōng
青藏铁路是世界上最长、最高的铁路，它东

qǐ Qīnghǎi Xīníng Shì, nán dào Xīzàng Lāsà Shì, cháng yīqiān jiǔbǎi wǔshíliù
起青海西宁市，南到西藏拉萨市，长 1956

gōnglǐ, zuì gāo de dìfang hǎibá wǔqiān líng qīshí'èr mǐ.
公里，最高的地方海拔 5072 米。

Qīng-Zàng Tiělù yánxiàn de fēngjǐng fēicháng piàoliang. Rénmen zuò zài
青藏铁路沿线的风景非常漂亮。人们坐在

huǒchē shang, kěyǐ kàndào měilì de Yùzhū Fēng, yě kěyǐ kàndào shìjiè
火车上，可以看到美丽的玉珠峰，也可以看到世界

shang hǎibá zuì gāo de dànshuǐhú —— Cuònà Hú, yàoshi xìngyùn dehuà,
上海拔最高的淡水湖——措那湖，要是幸运的话，

shènzhì kěyǐ kàndào zhēnxī de zànglíngyáng.
甚至可以看到珍稀的藏羚羊。

Qīng-Zàng Tiělù jiāqiángle Xīzàng yǔ qítā shěng de jiāoliú,
青藏铁路加强了西藏与其他省的交流，

cùjìnle Xīzàng de fāzhǎn.
促进了西藏的发展。

Jawab pertanyaan

Qīng-Zàng Tiělù shì yì tiáo shénmeyàng de tiělù?
1. 青藏铁路是一条什么样的铁路？

Qīng-Zàng Tiělù yǒu duō cháng? Duō gāo?
2. 青藏铁路有多长？多高？

Qīng-Zàng Tiělù yánxiàn de fēngjǐng zěnmeyàng?
3. 青藏铁路沿线的风景怎么样？

Rénmen zuò zài huǒchē shang kěyǐ kàndào shénme?
4. 人们坐在火车上可以看到什么？

Qīng-Zàng Tiělù yǒu shénme hǎochù?
5. 青藏铁路有什么好处？

2 Kosakata baru 生 词 14-2

1. 铁路　　tiělù　　n.　rel kereta
2. 海拔　　hǎibá　　n.　ketinggian di atas permukaan air laut
3. 沿线　　yánxiàn　　n.　sepanjang
4. 淡水湖　dànshuǐhú　n.　danau air tawar
5. 要是　　yàoshi　　conj.　jika, bila
6. 幸运　　xìngyùn　　a.　beruntung
7. 的话　　dehuà　　p.　*digunakan di akhir sebuah klausa bersyarat (kondisional)*
8. 甚至　　shènzhì　　conj.　bahkan
9. 珍稀　　zhēnxī　　a.　langka
10. 藏羚羊　zànglíngyáng　n.　antelop Tibet
11. 加强　　jiāqiáng　　v.　memperkuat
12. 与　　　yǔ　　p.　dan
13. 其他　　qítā　　pron.　yang lain
14. 省　　　shěng　　n.　provinsi
15. 促进　　cùjìn　　v.　meningkatkan

Kata benda spesifik 专有名词

1. 青藏　　Qīng-Zàng　　Qinghai - Tibet
2. 青海　　Qīnghǎi　　Provinsi Qinghai
3. 西宁市　Xīníng Shì　kota Xining, ibukota provinsi Qinghai
4. 西藏　　Xīzàng　　Daerah Otonomi Tibet
5. 拉萨市　Lāsà Shì　kota Lhasa, ibukota Daerah Otonomi Tibet
6. 玉珠峰　Yùzhū Fēng　Gunung Yuzhu dari pegunungan Kunlun
7. 措那湖　Cuònà Hú　Danau Cuona, danau air tawar di daerah Anduo, Tibet

3 Catatan 注 释

1. 要是幸运的话

Partikel "……的话" digunakan untuk klausa perumpamaan, biasanya diawali dengan "如果", "要是" atau "假如". Kata ini seringkali digunakan dalam kalimat lisan Mandarin.

2. 甚至可以看到珍稀的藏羚羊。

Kata keterangan "甚至" menerangkan fakta yang menonjol, menunjukkan sesuatu lebih jauh lagi.

4 Menceritakan kembali teks bacaan 复述课文

青藏铁路是……，它东起……西宁市，南到……拉萨市，长……公里，最高的地方海拔……。

青藏铁路……。人们……，可以……玉珠峰，也可以……海拔……——措那湖，要是……的话，甚至……珍稀的藏羚羊。

青藏铁路加强了……与……的交流，促进了……。

5 Bacaan dalam bahasa Indonesia 译 文

Rel kereta Qinghai - Tibet adalah rel kereta terpanjang dan tertinggi di dunia, rel tersebut dimulai dari ujung sebelah timur yaitu kota Xining, Qinghai sampai ujung bagian selatan yaitu kota Lhasa, Tibet, dengan panjang 1.956 km, bagian tertinggi dari jalur rel mencapai 5.072 m di atas permukaan laut.

Pemandangan sepanjang rel Qinghai - Tibet sangat indah. Duduk di dalam kereta, orang-orang dapat melihat pemandangan gunung Yuzhu yang indah, juga dapat melihat danau air tawar dengan letak ketinggian tertinggi di dunia—Danau Cuona, bahkan jika beruntung, dapat melihat antelop Tibet yang sangat langka.

Rel kereta Qinghai - Tibet memperkuat komunikasi antara Tibet dengan provinsi lainnya, serta meningkatkan perkembangan Tibet.

6 Tata bahasa 学习语法

（一）……的话 14-3

1. 朗读下列句子，画出"的话"前面的词语。 Bacalah kalimat di bawah ini, dan tandai kata atau frasa yang berada di depan "的话".

（1）要是 幸运 的话，甚至可以看到 珍稀的 藏羚羊。

（2）要是怕后悔的话，你再考虑一下。

（3）你要是能和刘教授见面的话，请替我问候他。

（4）你如果 想刷卡的话，请去3号收银台。

（5）如果你不放心的话，你再提醒他一下吧。

2. 连线成句，然后朗读。 Hubungkan menjadi sebuah kalimat, kemudian bacalah.

（1）要是你不忙 的话　　最好去医院看看

（2）你要是嗓子一直疼 的话　　我们就坐地铁去吧

（3）要是你喜欢这 张CD的话　　我就送给你吧

（4）如果怕堵车的话　　一定要跟我联系啊

（5）如果你到北京 的话　　咱们再聊一会儿

（二）甚至 14-4

1. 朗读下列句子，画出"甚至"后面的词语。 Bacalah kalimat di bawah ini, dan tandai kata atau frasa yang berada di belakang "甚至".

（1）要是 幸运 的话，甚至 可以看到珍稀的 藏羚羊。

（2）因为刮台风，今天 上午的 船 可能推迟到下午，甚至 明天。

（3）这几年这里的经济不但没有发展，甚至出现了倒退。

（4）为了来 中国 学习 中文，他甚至放弃了国内的工作。

（5）南极非常 冷，最低温度甚至达到零下九十四点二摄氏度。

2. 把"甚至"放入句中正确的位置，然后朗读。 Letakkan "甚至" pada posisi yang tepat di dalam kalimat, kemudian bacalah.

（1）_a_ 我们这儿的人 _b_ 都会游泳，_(c)_ 六七岁的小孩儿 _d_ 都会。

（2）_a_ 在中国，_b_ 能刷卡的地方越来越多，_c_ 一些小饭馆儿 _d_ 也可以刷卡。

（3）丁大夫 _a_ 累极了，_b_ 连饭 _c_ 都不想吃 _d_ 。

（4）_a_ 时间长了，我 _b_ 连他的名字 _c_ 都 忘了 _d_ 。

（5）莫斯科的冬天 _a_ 很冷，_b_ 气温一般在零下二十多度，最冷的时候 _c_ 达到 _d_ 零下四十度。

Kosakata tambahan 扩展生词  14-5

1. 怕 pà v. takut
2. 后悔 hòuhuǐ v. menyesal
3. 替 tì p. menggantikan
4. 收银台 shōuyíntái n. kasir
5. 提醒 tí xǐng v. mengingatkan, memperingatkan
6. 台风 táifēng n. angin topan
7. 船 chuán n. kapal, perahu
8. 倒退 dàotuì v. mundur
9. 国内 guónèi n. domestik
10. 南极 nánjí n. Kutub Selatan

7 Pembelajaran kosakata dan karakter Mandarin 学习词汇和汉字

1. 朗读下列词语，然后为它们选择相应的图片。Bacalah kata-kata di bawah ini, kemudian isilah pada gambar yang sesuai.

a. 海边 hǎibiān   f. 沙漠 shāmò
b. 山 shān   g. 桥 qiáo
c. 陆地 lùdì   h. 河 hé
d. 海洋 hǎiyáng   i. 铁路 tiělù
e. 岸边 ànbiān   j. 淡水湖 dànshuǐhú

2. 画一个地形图，给你的同伴讲讲你画的是什么。Gambarlah sebuah peta topografi, ceritakan apa yang kamu gambar kepada temanmu.

3. 朗读下列词语，然后根据"年"的意思给词语分类。Bacalah kata atau frasa di bawah ini, kemudian kelompokkan berdasarkan arti dari "年".

a. 今年 jīnnián   b. 年龄 niánlíng   c. 童年 tóngnián   d. 年轻 niánqīng   e. 拜年 bài nián   f. 年年有余 niánnián yǒu yú
g. 年长 niánzhǎng   h. 几十年如一日 jǐ shí nián rú yí rì   i. 老年人 lǎoniánrén   j. 明年 míngnián   k. 新年 xīnnián (Tahun Baru)

（1）今年 _____ _____ _____

（2）年龄 _____ _____ _____ _____

（3）拜年 _____

8 Aktivitas Berkomunikasi 交际活动

1. 跟同伴编一段介绍青藏铁路的对话。（8-10句）Buatlah percakapan dengan temanmu yang memperkenalkan rel kereta Qinghai - Tibet. (8-10 kalimat)

2. 说说在你们国家出行你会选择什么交通工具。为什么？ Sebukan alat transportasi yang kamu pilih di negaramu dan sebutkan alasannya.

57

Bab 15

Dìqiú yī xiǎoshí
地球一小时

Jam Bumi

1 Teks 课文

借助生词表，快速浏览课文后回答问题：地球一小时，人们都可以做什么？ 15-1

Dengan bantuan daftar kosakata, baca sekilas bacaan, kemudian jawab pertanyaan: Jam Bumi, hal apa saja yang dapat dilakukan oleh orang-orang?

"Dìqiú yī xiǎoshí", shì èr líng líng qī nián kāishǐ de yí xiàng
"地球一小时"，是 2007 年开始的一项

quánqiúxìng huánjìng bǎohù huódòng.
全球性 环境 保护 活动。

Wèile jiǎnshǎo tàn páifàng, Shìjiè Zìrán Jījīnhuì fāqǐle
为了 减少 碳 排放，世界 自然 基金会 发起了

zhè xiàng huódòng, chàngyì rénmen zài měi nián sān yuè zuìhòu yí gè
这项 活动，倡议 人们 在 每 年 3 月 最后 一个

Xīngqīliù wǎnshang bā diǎn bàn dào jiǔ diǎn bàn, xī dēng yí gè xiǎoshí.
星期六 晚上 八点 半 到 九点半，熄灯 一个 小时。

Xī dēng yī xiǎoshí, wǒmen kěyǐ zuò shénme ne?
熄灯一小时，我们 可以 做 什么 呢？

Wǒmen huòzhě zài jiālǐ xiǎngshòu zhúguāng wǎncān; huòzhě hé
我们 或者 在 家里 享受 烛光 晚餐；或者 和

háizimen yìqǐ yóuxì, dùguò qīnzǐ shíguāng; huòzhě hé péngyou
孩子们 一起 游戏，度过 亲子 时光；或者 和 朋友

yìqǐ tán xīn, jiǎng gùshi; wǒmen hái kěyǐ dàishàng shípǐn, yǐnliào
一起 谈心，讲 故事；我们 还 可以 带上 食品、饮料

dào gōngyuán li jùcān; huòzhě chūmén sàn bù……
到 公园 里 聚餐；或者 出门 散步……

Péngyou, nǐ xuǎnzé zuò shénme ne?
朋友，你 选择 做 什么 呢？

Jawab pertanyaan

回答问题

"Dìqiú yī xiǎoshí" shì nǎ yì nián kāishǐ de huódòng?
1. "地球一小时"是 哪 一 年 开始 的 活动？

Wèi shénme yào jìnxíng "dìqiú yī xiǎoshí" huódòng?
2. 为 什么 要 进行 "地球一小时" 活动？

Duō cháng shíjiān jìnxíng yí cì "dìqiú yī xiǎoshí" huódòng?
3. 多 长 时间 进行 一次 "地球一小时" 活动？

"Dìqiú yī xiǎoshí" huódòng zài nǎ yì tiān, shénme shíjiān?
4. "地球一小时" 活动 在 哪 一 天、什么 时间？

Wèi shénme jiào "dìqiú yī xiǎoshí"?
5. 为 什么 叫 "地球一小时"？

Xī dēng yī xiǎoshí, wǒmen kěyǐ zuò shénme?
6. 熄灯一小时，我们 可以 做 什么？

Xī dēng yī xiǎoshí, nǐ huì zuò shénme?
7. 熄灯一小时，你 会 做 什么？

2 Kosakata baru 生词 🔘 15-2

1. 项 xiàng n.(kbb) *digunakan untuk hal yang terperinci*
2. 全球性 quánqiúxìng a. global, meliputi seluruh dunia
   全球 quánqiú n. dunia
3. 减少 jiǎnshǎo v. berkurang, mengurangi
4. 碳排放 tàn páifàng emisi karbon
   碳 tàn n. karbon
   排放 páifàng v. pemancaran
5. 基金会 jījīnhuì n. yayasan
   基金 jījīn n. dana
6. 发起 fāqǐ v. memprakarsai, berinisiatif
7. 倡议 chàngyì v. mengusulkan, menganjurkan, menyerukan
8. 熄灯 xī dēng v. mematikan lampu
9. 烛光 zhúguāng n. cahaya lilin
10. 晚餐 wǎncān n. makan malam
11. 度过 dùguò v. melewati, menghabiskan waktu
12. 亲子 qīnzǐ n. orang tua dan anak
13. 时光 shíguāng n. waktu
14. 谈心 tán xīn v. mencurahkan isi hati
15. 食品 shípǐn n. makanan
16. 聚餐 jùcān v. makan bersama
17. 选择 xuǎnzé v. memilih

Kata benda spesifik 专有名词

世界自然基金会 Shìjiè Zìrán Jījīnhuì WWF (World Wildlife Fund)

3 Catatan 注释

1. 或者和孩子们一起游戏，度过亲子时光；或者和朋友一起谈心，讲故事

   Kata hubung "或者" (atau) menghubungkan pilihan-pilihan. Kata hubung ini dapat muncul dua kali atau lebih dalam satu kalimat.

2. 我们还可以带上食品、饮料到公园里聚餐

   Struktur "Kata kerja + 上" menunjukkan objek ditambahkan ke sesuatu melalui suatu tindakan yang dinyatakan dengan kata kerja. Ini adalah bentuk perluasan dari "上".

4 Menceritakan kembali teks bacaan 复述课文

"地球一小时"，是……开始的一项……。

为了……碳排放，世界自然基金会发起了……，倡议人们在每年3月……，熄灯……。

熄灯一小时，我们……？

我们或者……；或者和……，度过……；或者和朋友……、……；我们还可以……到……；或者……

朋友，你……？

5 Bacaan dalam bahasa Indonesia 译文

"Jam Bumi", adalah kegiatan ramah lingkungan secara global yang dimulai sejak tahun 2007.

Dalam rangka mengurangi emisi karbon, WWF (World Wildlife Fund) memprakarsai kegiatan ini, menganjurkan orang-orang untuk mematikan lampu selama 1 jam pada pukul 8.30-9.30 malam, di hari Sabtu terakhir bulan Maret pada tiap tahunnya.

Dengan mematikan lampu selama 1 jam, hal apa saja yang dapat kita lakukan?

Kita dapat menikmati makan malam di bawah cahaya lilin di rumah; atau bermain dengan anak-anak, melewati waktu bersama antara orang tua dan anak; atau dapat mencurahkan isi hati, bercerita dengan teman; kita juga dapat makan bersama di taman dengan membawa makanan dan minuman; atau pergi keluar berjalan-jalan…

Teman, kegiatan apa yang kamu pilih?

6 Tata bahasa 学习语法

（一）或者A或者B 15-3

1. 朗读下列句子，画出"或者"后面的词语。 Bacalah kalimat di bawah ini, dan tandai kata atau frasa yang berada di belakang "或者".

（1）我们或者<u>和孩子们一起游戏</u>，度过亲子时光；或者<u>和朋友一起谈心，讲故事</u>。

（2）我今天下午或者明天上午去办签证。

（3）汉语的音节，声调不同意思就不同，比如"qi"，可以是"七""骑""起"或者"气"。

（4）我们或者去吃中餐，或者去吃西餐，都可以。

（5）或者我们去你那儿，或者你来我们这儿，由你决定吧。

2. 选择合适的词语填空，然后朗读。 Isilah bagian yang kosong dengan kata yang tepat, kemudian bacalah.

a. 买 mǎi
b. 坐地铁 zuò dìtiě
c. 给我发短信 gěi wǒ fā duǎnxìn
d. 星期一 Xīngqīyī
e. 看书 kàn shū

（1）晚上，我在家或者看电视，或者 _e_ 。

（2）你有事的话，或者给我打电话，或者___。

（3）你或者开车或者___，一定要在三点前到公司。

（4）这件衣服你___或者不买，快点儿决定吧。

（5）下星期我们搬家，或者___，或者星期二。

（二）v.＋上 15-4

1. 朗读下列句子，画出"上"前面的动词。 Bacalah kalimat di bawah ini, dan tandai kata kerja yang berada di depan "上".

（1）我们还可以<u>带</u>上食品、饮料到公园里聚餐。

（2）天气很冷，你出门前戴上帽子吧。

（3）她喜欢在办公室摆上花瓶，插上一些花儿。

（4）工作人员让他填上身份证号码。

（5）她穿上婚纱更漂亮了。

2. 根据图片和提示词语，用"v.＋上"完成句子，然后朗读。 Lengkapilah kalimat menggunakan "Kata kerja ＋ 上" berdasarkan gambar dan petunjuk yang diberikan, kemudian bacalah.

（1）<u>请写上你的地址和电话号码</u>。
　　（请　写　你的地址和电话号码）

（2）_____。
　　（请　在这里　填　护照号码）

（3）_____。（把　伞　带）

（4）_____。（把　大衣　穿）

Kosakata tambahan 扩展生词  15-5

1. 办签证 bàn qiānzhèng mengurus visa
   办 bàn v. mengurus
   签证 qiānzhèng v. visa
2. 音节 yīnjié n. suku kata, silabel, bunyi
3. 声调 shēngdiào n. nada
4. 中餐 zhōngcān n. masakan Chinese
5. 西餐 xīcān n. masakan Barat
6. 摆 bǎi v. meletakkan, menata
7. 花瓶 huāpíng n. vas bunga
8. 插 chā v. menusuk, memasukkan, menyisipkan
9. 工作人员 gōngzuò rényuán pekerja, petugas, staf
10. 填 tián v. mengisi
11. 身份证 shēnfènzhèng n. ID card
    身份 shēnfèn n. identitas
12. 婚纱 hūnshā n. gaun pengantin

7 Pembelajaran kosakata dan karakter Mandarin 学习词汇和汉字

1. 朗读下列词语，然后为它们选择相应的图片。Bacalah kata-kata di bawah ini, kemudian isilah pada gambar yang sesuai.

a. 象棋 xiàngqí
b. 京剧 jīngjù
c. 钢琴 gāngqín
d. 风筝 fēngzheng
e. 相声 xiàngsheng
f. 话剧 huàjù
g. 小提琴 xiǎotíqín
h. 电影 diànyǐng
i. 书法 shūfǎ
j. 音乐 yīnyuè

2. 说说你或家人、朋友的爱好。
   Ceritakan tentang hobimu, keluargamu atau temanmu.

3. 给下列汉字加上拼音并朗读，然后画出各组汉字中笔画不同的地方。Tulislah pinyin untuk karakter Mandarin di bawah ini dan bacalah, kemudian tandai bagian yang berbeda dari tiap kelompok karakter Mandarin.

   (1) *jiǎ* 甲 电 由   (3) 方 万
   (2) 天 夫 无 失   (4) 只 兄

8 Aktivitas Berkomunikasi 交际活动

1. 三四人一组，讨论在"地球一小时"活动中你们会怎么做。Apa yang akan kalian lakukan pada kegiatan "Jam bumi"? Diskusikan dalam kelompok yang berjumlah 3-4 orang.

2. 利用网络预先查查关于"地球一小时"的资料，说说这一小时都能做什么。Carilah bahan-bahan materi mengenai "Jam Bumi" melalui internet, kemudian ceritakan apa saja yang bisa dilakukan dalam 1 jam tersebut.

61

Bab 16

Mǔqīn shuǐjiào
母亲水窖
Penampungan Air untuk Ibu

1 Teks 课 文 借助生词表，快速浏览课文后回答问题：什么是"母亲水窖"？ 16-1

Dengan bantuan daftar kosakata, baca sekilas bacaan, kemudian jawab pertanyaan: Apakah yang disebut dengan "Water Cellars for Mothers"(Penampungan Air Bawah Tanah untuk Ibu)?

Zhōngguó xībù shì shìjiè shang zuì gānhàn de dìfang
中国 西部是世界上 最干旱的地方
zhī yī. Zhèxiē nián, zhèli de nánrén dàdōu qù dà
之一。这些 年，这里的男人大都去大
chéngshì dǎ gōng le, jiāli zhǐ shèngxià fùnǚ láodòng.
城市 打 工 了，家里只剩下 妇女劳动。
Wèile qǔdé shēnghuó yòngshuǐ, tāmen bù dé bù měi tiān
为了取得生活 用水，她们不得不每天
zǒu jǐ shí gōnglǐ shānlù, fēicháng xīnkǔ.
走几十公里山路，非常辛苦。

Wèile jiǎnqīng fùnǚ qǔ shuǐ de fùdān, èr líng líng yī
为了减轻妇女取水的负担，2001

nián Zhōngguó kāishǐ shíshī "mǔqīn shuǐjiào" gōngchéng.
年 中国 开始实施"母亲水窖"工程。
"Mǔqīn shuǐjiào" jiù shì zài dìxià xiūjiàn de shuǐjiào,
"母亲水窖"就是在地下修建的水窖，
shōují yǔshuǐ, gōng shēnghuó shǐyòng.
收集雨水，供 生活 使用。

Dào èr líng yī yī nián, "mǔqīn shuǐjiào" gōngchéng
到 2011 年，"母亲水窖"工程
yígòng xiūjiànle shí'èr diǎn bā wàn gè shuǐjiào, jiějuéle
一共修建了 12.8 万个水窖，解决了
yìbǎi bāshí wàn rén de shēnghuó yòngshuǐ wèntí.
180 万人的 生活 用水 问题。

Jawab pertanyaan

回答问题

Zhōngguó xībù shì yí gè shénmeyàng de dìfang?
1. 中国 西部是一个什么样 的地方？

Zhèxiē nián, zhèli de qíngkuàng zěnmeyàng?
2. 这些年，这里的 情况 怎么样？

Wèile qǔdé shēnghuó yòngshuǐ, fùnǚmen yào zuò shénme?
3. 为了取得 生活 用水，妇女们要做什么？

Zhōngguó shénme shíhou kāishǐ shíshī "mǔqīn shuǐjiào" gōngchéng?
4. 中国 什么时候开始实施"母亲水窖"工程？

Wèi shénme yào shíshī "mǔqīn shuǐjiào" gōngchéng?
5. 为什么要实施"母亲水窖"工程？

"Mǔqīn shuǐjiào" shì shénme?
6. "母亲水窖"是什么？

Dào èr líng yī yī nián, gòng xiūjiànle duōshao gè shuǐjiào?
7. 到 2011 年，共修建了多少个水窖？

Zhè jiějuéle duōshao rén de shēnghuó yòngshuǐ wèntí?
8. 这解决了多少人的 生活 用水 问题？

2 Kosakata baru 生词 🔊 16-2

1.	西部	xībù	n.	bagian barat	11.	实施	shíshī	v.	menerapkan
2.	干旱	gānhàn	a.	kering	12.	母亲	mǔqīn	n.	ibu
3.	妇女	fùnǚ	n.	wanita	13.	水窖	shuǐjiào	n.	penampungan air bawah tanah
4.	劳动	láodòng	v.	bekerja	14.	工程	gōngchéng	n.	proyek
5.	取得	qǔdé	v.	memperoleh	15.	地下	dìxià	n.	bawah tanah
6.	生活用水	shēnghuó yòngshuǐ		air untuk keperluan sehari-hari	16.	修建	xiūjiàn	v.	membangun
7.	不得不	bù dé bù		harus, mau tidak mau	17.	收集	shōují	v.	mengumpulkan
8.	山路	shānlù	n.	jalan pegunungan	18.	雨水	yǔshuǐ	n.	air hujan
9.	减轻	jiǎnqīng	v.	mengurangi	19.	供	gōng	v.	menyediakan, untuk (penggunaan)
10.	负担	fùdān	n.	beban					

3 Catatan 注释

1. 这里的男人大都去大城市打工了

   Kata keterangan "大都" berarti "kebanyakan" dan "mayoritas".

2. 为了取得生活用水，她们不得不每天走几十公里山路

   Ungkapan "不得不" berarti "harus (melakukan sesuatu)". Ungkapan ini menggunakan dua kata negatif untuk menyatakan penekanan.

4 Menceritakan kembali teks bacaan 复述课文

中国西部是……之一。这些年，这里的男人大都……，家里只……。为了……，她们不得不……，非常……。

为了减轻……，2001年……工程。"母亲水窖"就是……，收集……，供……。

到2011年，"母亲水窖"工程一共……，解决了……万人的……。

5 Bacaan dalam bahasa Indonesia 译文

Bagian barat Tiongkok adalah salah satu daerah terkering di dunia. Dalam beberapa tahun ini, mayoritas pria di daerah ini pergi ke kota besar untuk bekerja, di rumah hanya tinggal para wanita untuk bekerja. Setiap harinya, para wanita ini menempuh jalan puluhan kilometer di pegunungan, demi memperoleh air untuk kebutuhan sehari-hari, sangat sulit dan melelahkan.

Untuk mengurangi beban para wanita dalam mengambil air, pada tahun 2001 Tiongkok mulai melaksanakan proyek "Penampungan Air Bawah Tanah untuk Ibu – Water Cellars for Mothers". "Water Cellars for Mothers" yaitu penampungan (cellar) air yang dibangun di bawah tanah dengan menampung air hujan, yang dapat digunakan untuk kehidupan sehari-hari.

Sampai dengan tahun 2011, proyek "Water Cellars for Mothers" total telah membangun 128.000 penampungan air, dan telah mengatasi masalah air yang dihadapi 1,8 juta orang.

6 Tata bahasa 学习语法

（一）大都  16-3

1. 朗读下列句子，画出"大都"后面的词语。Bacalah kalimat di bawah ini, dan tandai kata atau frasa yang berada di belakang "大都".

   (1) 这里的男人大都 <u>去大城市打工了</u>。
   (2) 中国北方人大都爱吃饺子。
   (3) 这里卖的水果大都是进口的。
   (4) 人们大都不知道垃圾是陆地污染的最大问题。
   (5) 中国人大都喜欢在节假日结婚，这样亲戚、朋友就有时间参加婚礼了。

2. 把"大都"放入句中正确的位置，然后朗读。Letakkan "大都" pada posisi yang tepat, kemudian bacalah.

   (1) _a_ 他们公司的 _b_ 客户 (c) 是中国人。
   (2) _a_ 夏天 _b_ 这里的宾馆 _c_ 很贵。
   (3) _a_ 很多大城市傍晚时 _b_ 会 _c_ 堵车。
   (4) _a_ 给他 _b_ 写信的人 _c_ 是女孩儿。
   (5) _a_ 这本书的课文 _b_ 很幽默 _c_。

（二）不得不 16-4

1. 朗读下列句子，画出"不得不"后面的词语。Bacalah kalimat di bawah ini, dan tandai kata atau frasa yang berada di belakang "不得不".

   (1) 为了取得生活用水，她们不得不<u>每天走几十公里山路</u>。
   (2) 这个运动员受伤了，他不得不放弃这次比赛。
   (3) 飞机晚点了，我们的计划不得不推迟。
   (4) 这件事太难办了，我不得不来麻烦你。
   (5) 我有点儿急事，不得不先走一会儿。

2. 根据图片和提示词语，用"不得不"完成句子，然后朗读。Lengkapilah kalimat menggunakan "不得不" berdasarkan gambar dan petunjuk yang diberikan, kemudian bacalah.

 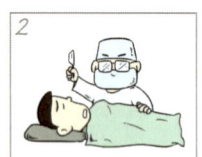   

   (1) 停电了，她 <u>不得不点上蜡烛</u>。（点上 蜡烛）
   (2) 小李的扁桃体经常发炎，_____。（切掉）
   (3) 今天爸爸的车坏了，他_____。（坐地铁 上班）
   (4) 家里什么吃的也没有了，我们_____。（出去 吃饭）
   (5) 王记者实在跑不动了，_____。（停下来 休息一会儿）

Kosakata tambahan 扩展生词  16-5

1. 北方	běifāng	n. daerah utara	7. 受伤	shòu shāng v. cedera, terluka
2. 进口	jìn kǒu	v. impor	8. 晚点	wǎn diǎn v. (kereta, pesawat, dll.) terlambat, mundur dari jadwal
3. 垃圾	lājī	n. sampah	9. 难办	nán bàn sulit untuk dihadapi, dilakukan
4. 节假日	jiéjiàrì	n. hari libur	10. 麻烦	máfan v. merepotkan
5. 亲戚	qīnqi	n. kerabat keluarga, saudara	11. 急事	jí shì hal yang darurat
6. 婚礼	hūnlǐ	n. pernikahan		

7 Pembelajaran kosakata dan karakter Mandarin 学习词汇和汉字

1. 为下列反义词连线。Hubungkan kata-kata di bawah ini dengan lawan katanya.

róngyì	fùzá	niánzhǎng	yùmèn
容易	复杂	年长	郁闷
yíyàng	kōng	mánglù	niánqīng
一样	空	忙碌	年轻
mǎn	nán	nèixiàng	yōuxián
满	难	内向	悠闲
cūxīn	bù tóng	kāixīn	rènao
粗心	不同	开心	热闹
jiǎndān	xìxīn	ānjìng	wàixiàng
简单	细心	安静	外向

2. 用上面的形容词描述。Buatlah deskripsi menggunakan kata-kata sifat di atas.

Contoh：（1）汉语很容易。 Hànyǔ hěn róngyì.　（2）妈妈很年轻。 Māma hěn niánqīng.

3. 朗读下列常用汉字，并组词。Bacalah karakter umum Mandarin di bawah ini, dan kelompokkan menjadi kata. 16-6

shēn	shāng	suàn	zhì	tuán	jí	bǎi	xū	jià	huā
深	商	算	质	团	集	百	需	价	花
dǎng	huá	chéng	shí	jí	zhěng	fǔ	lí	kuàng	yà
党	华	城	石	级	整	府	离	况	亚
qǐng	jì	jì	yuē	shì	fù	bìng	xī	jiū	xiàn
请	技	际	约	示	复	病	息	究	线
shì/sì	guān	huǒ	duàn	jīng	mǎn	zhī	shì	xiāo	yuè
似	官	火	断	精	满	支	视	消	越
qì	róng	zhào	xū	jiǔ	zēng	yán	xiě	chēng	qǐ
器	容	照	须	九	增	研	写	称	企

8 Aktivitas Berkomunikasi 交际活动

1. 跟同伴编一段介绍"母亲水窖"的对话。（8－10句）Buatlah percakapan yang menjelaskan "Penampungan air bawah tanah untuk ibu - Water Cellars for Mothers" bersama dengan temanmu. (8-10 kalimat)

2. 说说你参加过的或知道的公益项目。Ceritakan proyek amal yang pernah kamu ikuti atau kamu ketahui.

Bab 17

Yuèguāngzú
月光族
Kalangan Cahaya Bulan

---

1 Teks 课文 借助生词表，快速浏览课文后回答问题：北京的"月光族"多吗？ 17-1

Dengan bantuan daftar kosakata, baca sekilas bacaan, kemudian jawab pertanyaan: Banyakkah "Kalangan Cahaya Bulan" di Beijing?

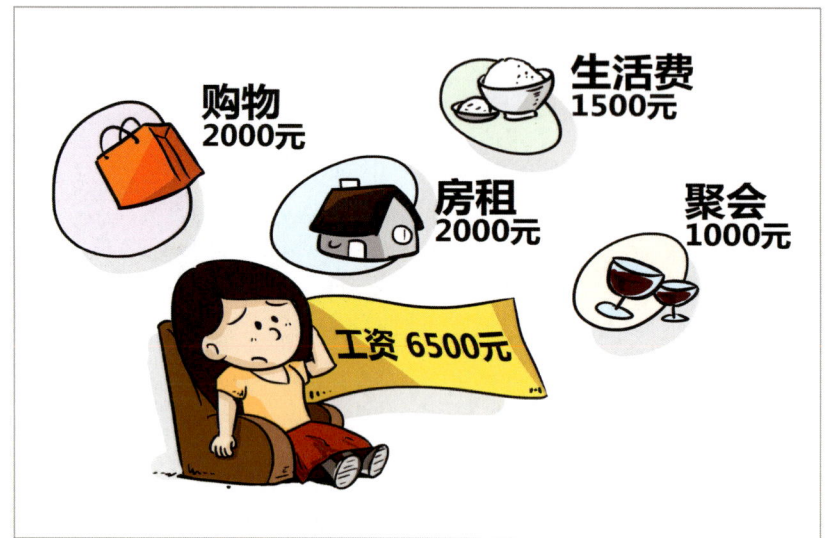

"Yuèguāngzú" jiù shì měi gè yuè de gōngzī jīběn
"月光族"就是每个月的工资基本
huāguāng yì zú. Tāmen pǔbiàn rènwéi, qián, zhǐyǒu huā
花光 一族。他们普遍认为，钱，只有花
chuqu, cái shì zìjǐ de.
出去，才是自己的。

Lǐ xiǎojiě liǎng nián qián dàxué bìyè, yuè gōngzī
李小姐两年前大学毕业，月工资
shì liùqiān wǔbǎi yuán, gēn Běijīng de píngjūn gōngzī xiāngbǐ,
是 6500 元，跟北京的平均工资相比，
tā de gōngzī qíshí bú suàn dī. Dànshì měi gè yuè tā
她的工资其实不算低。但是每个月她

bùjǐn yào zhīfù fángzū, shēnghuófèi, hái yào gòu wù,
不仅要支付房租、生活费，还要购物、
ǒu'ěr gēn péngyou jùhuì děng, qián zǒngshì bú gòu huā.
偶尔跟朋友聚会等，钱 总是不够花。
Lǐ xiǎojiě wúnài de shuō: "Měi dào yuèdǐ, wǒ
李小姐无奈地说："每到月底，我
jiù liǎngshǒu-kōngkōng de pànwàngzhe xià gè yuè de gōngzī."
就两手 空空 地盼望着下个月的工资。"
Xiànzài, zài Běijīng, zhèyàng de "yuèguāngzú"
现在，在北京，这样的"月光族"
dàyuē zhàn dàxué bìyèshēng de bǎi fēn zhī sānshí.
大约占大学毕业生的 30%。

Jawab pertanyaan 回答问题

Shénme shì "yuèguāngzú"?
1. 什么 是"月光族"？

"Yuèguāngzú" bǎ qián huāguāng de lǐyóu shì shénme?
2. "月光族"把钱 花光 的理由是什么？

Lǐ xiǎojiě shì shénme shíhou bìyè de?
3. 李小姐是什么时候毕业的？

Xiànzài Lǐ xiǎojiě měi gè yuè de gōngzī shì duōshao?
4. 现在李小姐每个月的工资是多少？

Lǐ xiǎojiě měi gè yuè de gōngzī dōu zuòle shénme?
5. 李小姐每个月的工资都做了什么？

Měi dào yuèdǐ, Lǐ xiǎojiě dōu zěnmeyàng?
6. 每到月底，李小姐都 怎么样？

Běijīng de "yuèguāngzú" zhàn dàxué bìyèshēng
7. 北京的"月光族"占大学毕业生
de bǎi fēn zhī duōshao?
的百分之多少？

2 Kosakata baru 生词 🔊 17-2

1. 月光族 yuèguāngzú n. kalangan orang yang hidup dari gaji demi gaji
   —族 zú grup atau kelompok benda atau orang yang memiliki ciri yang sama
2. 基本 jīběn adv. dasar
3. 花 huā v. menghabiskan
4. 普遍 pǔbiàn a. universal, pada umumnya, umum
5. 其实 qíshí adv. sebenarnya, kenyataannya
6. 算 suàn v. menghitung, mempertimbangkan, menganggap sebagai
7. 不仅 bùjǐn conj. tidak hanya
8. 支付 zhīfù v. membayar
9. 生活费 shēnghuófèi n. biaya sehari-hari, biaya hidup
10. 偶尔 ǒu'ěr adv. terkadang, kadang-kadang
11. 够 gòu v. cukup
12. 无奈 wúnài v. tidak ada pilihan lain, tak berdaya
13. 月底 yuèdǐ n. akhir bulan
14. 两手空空 liǎngshǒu-kōngkōng kedua tangan kosong, tidak memiliki sesuatu apapun
15. 盼望 pànwàng v. berharap
16. 大约 dàyuē adv. kira-kira
17. 毕业生 bìyèshēng n. tamatan, lulusan

3 Catatan 注释

1. 钱，只有花出去，才是自己的。
   Struktur "只有X，才Y" (hanya jika X, maka Y) berarti hasil Y tidak dapat dicapai tanpa kondisi X.

2. 但是每个月她不仅要支付房租、生活费，还要购物、偶尔跟朋友聚会等
   Struktur "不仅X，还Y" (tidak hanya X, tetapi juga Y) menunjukkan kondisi X dan Y keduanya ada dan Y merupakan tambahan lebih lanjut untuk X.

4 Menceritakan kembali teks bacaan 复述课文

"月光族"就是……。他们……，钱，只有……，才……。

李小姐……，月工资是……，跟……相比，她的工资……。但是……不仅要支付……，还……、偶尔……等，钱总是……。

李小姐……说："每到……，我就……地盼望着……。"

现在，在北京，这样的……大约占……。

5 Bacaan dalam bahasa Indonesia 译文

"Kalangan cahaya bulan" adalah suatu kalangan yang setiap bulan menghabiskan gajinya. Mereka biasanya berpikir bahwa uang, hanya dengan menghabiskannyalah, baru terhitung sebagai milik sendiri.

Nona Li lulus kuliah pada 2 tahun yang lalu, gaji per bulannya RMB 6500, dibandingkan dengan gaji rata-rata di Beijing, sebenarnya gajinya tidak terhitung rendah. Namun, setiap bulannya dia tidak hanya harus membayar uang sewa apartemen dan biaya hidup, tetapi juga berbelanja, terkadang pergi berkumpul dengan teman, dll, uangnya selalu tidak cukup untuk dihabiskan.

Nona Li dengan pasrah berkata: "Setiap tiba saat akhir bulan, saya hanya bisa berharap dengan tangan kosong gaji bulan berikutnya."

Saat ini, di Beijing "kalangan cahaya bulan" seperti ini menduduki kira-kira 30% dari para lulusan kuliah.

6 Tata bahasa 学习语法

（一）只有X，才Y  17-3

1. 朗读下列句子，画出X和Y。Bacalah kalimat di bawah ini, dan tandai X dan Y.

（1）钱，只有 花出去，才是自己的。
　　　　　　　X　　　 Y

（2）只有把 心里话 都 说出来才会 痛快。

（3）只有 傻瓜才会相信他说 的话。

（4）只有跟 中国人接触，才能了解 真正 的 中国。

（5）鞋，只有 穿上 试试，才知道舒服不舒服。

2. 用"只有X，才Y"组句，然后朗读。Buat kalimat menggunakan "只有X，才Y", kemudian bacalah.

（1）到了 夏天 这 种 水果 会 有
只有到了夏天，才会有这 种 水果。

（2）你 请 他 来

（3）多听 多说 能 多写 中文 学好

（4）奶奶 看 清楚 戴眼镜 报纸

（5）安妮 理解 能 我的想法

（二）不仅X，还Y 17-4

1. 朗读下列句子，画出X和Y。Bacalah kalimat di bawah ini, dan tandai X dan Y.

（1）每个月她不仅要支付房租、生活费，还要购物、偶尔跟 朋友聚会等。
　　　　　　　　　X　　　　　　　　　　　　Y

（2）她不仅是一位优秀的 演员，还是一位出色的导演。

（3）绿色植物不仅可以改善 环境，还可以改善 心情。

（4）我们 的 产品不仅在 中国 销售，还出 口到世界 各 地。

（5）看一个人，不仅要看他怎么说，还要看他怎么做。

2. 根据图片和提示词语，用"不仅X，还Y"完成句子，然后朗读。Lengkapilah kalimat menggunakan "不仅X，还Y", berdasarkan gambar dan petunjuk yang diberikan, kemudian bacalah.

（1）她 不仅会弹 钢琴，还会拉小提琴。（弹 钢琴　拉小提琴）

（2）下班以后，我＿＿＿＿＿＿＿＿＿＿＿＿。（做饭　打扫房间）

（3）吐鲁番＿＿＿＿＿＿＿＿＿＿＿＿＿＿。（盛产　哈密瓜　葡萄）

（4）那个超市的菜＿＿＿＿＿＿＿＿＿＿。（新鲜　便宜）

（5）孔子 学院＿＿＿＿＿＿＿＿＿＿＿＿。（教汉语　介绍 中国 文化）

Kosakata tambahan 扩展生词  17-5

1.	心里话	xīnlihuà	n.	kata hati	6.	优秀	yōuxiù	a. unggul, berprestasi, bagus
2.	痛快	tòngkuai	a.	bahagia	7.	出色	chūsè	a. bagus, luar biasa, istimewa
3.	傻瓜	shǎguā	n.	bodoh	8.	导演	dǎoyǎn	n. sutradara
4.	接触	jiēchù	v.	menghubungi, mendekati, mendalami	9.	改善	gǎishàn	v. memperbaiki, meningkatkan
5.	真正	zhēnzhèng	a.	sebenarnya, nyata, benar	10.	出口	chū kǒu	v. ekspor

7 Pembelajaran kosakata dan karakter Mandarin 学习词汇和汉字

1. 朗读下列量词，然后分类。Bacalah kata bantu bilangan di bawah ini, kemudian kelompokkan.

   a. 辆 (liàng)   b. 斤 (jīn)   c. 次 (cì)   d. 台 (tái)   e. 首 (shǒu)   f. 遍 (biàn)   g. 亩 (mǔ)   h. 片 (piàn)   i. 趟 (tàng)
   j. 滴 (dī)   k. 寸 (cùn)   l. 幅 (fú)   m. 公里 (gōnglǐ)   n. 顿 (dùn)   o. 吨 (dūn)   p. 棵 (kē)   q. 回 (huí)   r. 平方公里 (píngfāng gōnglǐ)

   （1）一_a_车 (yí chē)   （2）一___电脑 (yì diànnǎo)   （3）一___树 (yì shù)   （4）一___绿叶 (yí lùyè)   （5）一___画儿 (yì huàr)
   （6）一___歌 (yì gē)   （7）一___水 (yì shuǐ)   （8）一___饺子 (yì jiǎozi)   （9）一___粮食 (yì liángshi)   （10）一___水稻 (yì shuǐdào)
   （11）每___土地 (měi tǔdì)   （12）走了一___路 (zǒule yí lù)   （13）短了一___ (duǎnle yí)   （14）打三___电话 (dǎ sān diànhuà)
   （15）去两___医院 (qù liǎng yīyuàn)   （16）听过两___ (tīngguo liǎng)   （17）吃一___饭 (chī yí fàn)   （18）写四___生词 (xiě sì shēngcí)

   i. 辆_____

   ii. 斤_____

   iii. 次_____

2. 用上面的量词组成词组，然后说句子。Bentuklah kata atau frasa menggunakan kata bantu bilangan di atas, kemudian buatlah kalimat.

3. 下列汉字都包括两个相同的部件，根据汉字的结构特点给汉字分类。Karakter-karakter Mandarin di bawah ini terdiri dari 2 bagian yang sama, kelompokkanlah kakakter mandarin tersebut berdasarkan ciri khusus struktur Mandarin.

   a. 从 (cóng)   b. 多 (duō)   c. 梦 (mèng)   d. 品 (pǐn)   e. 众 (zhòng)   f. 林 (lín)   g. 哭 (kū)
   h. 楚 (chǔ)   i. 朋 (péng)   j. 翼 (yì)   k. 坐 (zuò)   l. 炎 (yán)   m. 替 (tì)   n. 双 (shuāng)

   （1）从 _____   （3）梦 _____

   （2）多 _____   （4）品 _____

8 Aktivitas Berkomunikasi 交际活动

1. 跟同伴分别扮演记者和一位"月光族"，编一段8—10句的对话。Perankanlah tokoh wartawan dan seorang "kalangan cahaya bulan" bersama dengan temanmu, dengan membuat percakapan 8-10 kalimat.

2. 说说你对"月光族"的看法。Ceritakan pandanganmu terhadap "Kalangan Cahaya Bulan".

Bab 18

Xìxīn
细心
Teliti

1. Teks 课文

借助生词表，快速浏览课文后回答问题：人民币的背面都是什么？ 18-1

Dengan bantuan daftar kosakata, baca sekilas bacaan, kemudian jawab pertanyaan: Gambar apa saja gambar yang terdapat pada bagian belakang Renminbi?

Qùnián wǒ qù yìngpìn yì jiā kuàguó gōngsī de kuàijì.
去年我去应聘一家跨国公司的会计。
Dì-yī lún miànshì hòu, zhǔkǎoguān gěi wǒ yì zhāng yìbǎi yuán
第一轮面试后，主考官给我一张100元
qián, ràng wǒ mǎi dì-èr lún kǎoshì yòng de ěrjī. Dàn wǒ
钱，让我买第二轮考试用的耳机。但我
fāxiàn shì jiǎbì, tāmen mǎshàng jiù huànle yì zhāng.
发现是假币，他们马上就换了一张。
Zuìhòu yí cì miànshì, zhǔkǎoguān wèn wǒ: "Nǐ
最后一次面试，主考官问我：“你
néng shuōshuo rénmínbì bèimiàn dōu shì shénme fēngjǐng ma?"
能说说人民币背面都是什么风景吗？”

Wǒ shuō: "Yìbǎi yuán de bèimiàn shì Rénmín Dàhuìtáng, wǔshí
我说：“100元的背面是人民大会堂，50
yuán de shì Bùdálā Gōng, èrshí yuán de shì Guìlín shānshuǐ……"
元的是布达拉宫，20元的是桂林山水……”
Zhǔkǎoguān mǎnyì de shuō: "Hěn hǎo! Duì kuàijì lái shuō,
主考官满意地说：“很好！对会计来说，
xìxīn jiù shì zuì hǎo de nénglì!"
细心就是最好的能力！”
Jiù zhèyàng, wǒ shùnlì de tōngguòle miànshì, bèi
就这样，我顺利地通过了面试，被
zhèngshì lùyòng le.
正式录用了。

Jawab pertanyaan 回答问题

"Wǒ" qùnián qù yìngpìn shénme zhíwèi?
1. "我"去年去应聘什么职位？

Dì-yī lún miànshì hòu, zhǔkǎoguān ràng "wǒ" zuò shénme?
2. 第一轮面试后，主考官让"我"做什么？

"Wǒ" fāxiànle shénme?
3. "我"发现了什么？

Zuìhòu yí cì miànshì, zhǔkǎoguān wèn "wǒ" shénme wèntí?
4. 最后一次面试，主考官问"我"什么问题？

Yìbǎi yuán rénmínbì de bèimiàn shì shénme fēngjǐng?
5. 100元人民币的背面是什么风景？

Wǔshí yuán rénmínbì de bèimiàn shì shénme fēngjǐng?
50元人民币的背面是什么风景？

Èrshí yuán rénmínbì de bèimiàn shì shénme fēngjǐng?
20元人民币的背面是什么风景？

"Wǒ" bèi lùyòng le ma? Wèi shénme?
6. "我"被录用了吗？为什么？

2 Kosakata baru 生 词 18-2

1. 去年　qùnián　n.　tahun lalu
2. 跨国　kuàguó　v.　internasional, multinasional
3. 会计　kuàijì　n.　akuntan
4. 轮　lún　n.(kbb)　(digunakan untuk sesuatu atau tindakan yang berotasi) tahap, putaran
5. 主考官　zhǔkǎoguān　n.　kepala pewawancara, penguji
   考官　kǎoguān　n.　penguji
6. 假币　jiǎbì　n.　uang palsu
7. 背面　bèimiàn　n.　bagian belakang
8. 桂林山水　Guìlín shānshuǐ　pemandangan Guilin
   山水　shānshuǐ　n.　gunung dan air, pemandangan
9. 细心　xìxīn　a.　teliti
10. 能力　nénglì　n.　kemampuan
11. 顺利　shùnlì　a.　lancar
12. 正式　zhèngshì　a.　formal, resmi
13. 录用　lùyòng　v.　dipekerjakan, diterima

Kata benda spesifik　专有名词

1. 人民大会堂　Rénmín Dàhuìtáng　Gedung Majelis
2. 布达拉宫　Bùdálā Gōng　Istana Potala
3. 桂林　Guìlín　Guilin, kota di Provinsi Guangxi

3 Catatan 注 释

1. 你能说说人民币背面都是什么风景吗？

   Kata keterangan "都" (semua) digunakan di kalimat tanya untuk merangkum hal yang mengikutinya.

2. 对会计来说，细心就是最好的能力！

   Ungkapan "对……来说"(untuk, bagi) berarti melihat dari sisi/sudut tertentu.

4 Menceritakan kembali teks bacaan 复述课文

去年我去应聘……。第一轮面试后，主考官……，让我……。但我发现……，他们……。

最后一次……，……问我："你能……？"我说："100元的背面是……，50元的是……，20元的是……"主考官……说："……！对……来说，……！"

就这样，我顺利地……，被……了。

5 Bacaan dalam bahasa Indonesia 译 文

　　Tahun lalu, saya pergi melamar pekerjaan di sebuah perusahaan internasional sebagai akuntan. Setelah wawancara tahap pertama, pewawancara memberiku selembar uang RMB 100, menyuruh saya membeli earphone yang akan digunakan pada wawancara tahap kedua. Tetapi saya menyadari itu adalah uang palsu, merekapun segera menggantinya.
　　Pada wawancara tahap terakhir, pewawancara bertanya: "Apakah kamu bisa memberitahu saya, gambar pemandangan yang terdapat di belakang Renminbi?" Aku berkata, "Gambar belakang RMB 100 adalah Gedung Majelis, RMB 50 adalah Istana Potala, RMB 20 adalah pemandangan Guilin…" Pewawancara dengan sangat puas berkata: "Bagus sekali! Bagi seorang akuntan, ketelitian adalah kemampuan yang paling bagus!"
　　Begitulah, saya lolos wawancara dengan lancar dan secara resmi dipekerjakan.

6 Tata bahasa 学习语法

（一）都  18-3

1. 朗读下列句子，画出"都"后面的疑问词。 Bacalah kalimat di bawah ini, dan tandai kata tanya yang terletak di belakang "都".

(1) 你能说说人民币背面都是<u>什么</u>风景吗？
(2) 来中国以后，你都去过<u>哪儿</u>？
(3) 这学期的课表都增加了<u>哪些</u>课程？
(4) 今天报纸上都有<u>什么</u>新闻？
(5) 对当前的国际形势，你们都有<u>什么</u>看法？

2. 把"都"放入句中正确的位置，然后朗读。 Letakkan "都" pada posisi yang tepat, kemudian bacalah.

(1) 昨天 a 来的客人中，b 你 (c) 认识 d 谁？
(2) 你知道 a 中国 b 有哪些 c 重要的城市 d 吗？
(3) 这几天 a 你 b 给谁 c 打过 d 电话？
(4) 那家 a 新开的商店 b 卖 c 什么 d 东西啊？
(5) 你 a 刚才 b 说了些什么？c 我没听 d 清楚。

（二）对……来说 18-4

1. 朗读下列句子，画出"对"和"来说"之间的词语。 Bacalah kalimat di bawah ini, dan tandai kata atau frasa yang terletak di antara "对" dan "来说".

(1) 对<u>会计</u>来说，细心就是最好的能力！
(2) 对年轻人来说，多读点儿历史书是有好处的。
(3) 做这种手术，对医生来说，并不是什么难事。
(4) 参加这次国际会议，对我来说，是一个很好的学习机会。
(5) 对学习语言来说，语言知识很重要，语言运用能力更重要。

2. 用"对……来说"组句，然后朗读。 Bentuklah kalimat menggunakan "对……来说", kemudian bacalah.

(1) 这次考试 她 太容易了
　　对她来说，这次考试太容易了。
(2) 最重要的 每个人 身体健康
　　都是
(3) 住 最好 在这里 喜欢安静的人
(4) 听音乐 一种 享受 是 爱好音乐的人
(5) 是 去年 姐姐 非常忙碌的一年

72

Kosakata tambahan 扩展生词  18-5

1.	课表	kèbiǎo	n.	jadwal pelajaran	7.	形势	xíngshì	n. situasi, kondisi
2.	增加	zēngjiā	v.	menambahkan, bertambah	8.	好处	hǎochù	n. manfaat, keuntungan
3.	课程	kèchéng	n.	kurikulum	9.	难事	nánshì	n. hal yang sulit, kesulitan
4.	新闻	xīnwén	n.	berita	10.	会议	huìyì	n. rapat
5.	当前	dāngqián	n.	saat ini, sekarang	11.	知识	zhīshi	n. pengetahuan
6.	国际	guójì	n.	internasional	12.	运用	yùnyòng	v. menggunakan, menerapkan

7 Pembelajaran kosakata dan karakter Mandarin 学习词汇和汉字

1. 朗读下列词语，然后为它们选择相应的图片。Bacalah kata-kata di bawah ini, kemudian isilah pada gambar yang sesuai.

   tiānlúnzhīlè   liǎngshǒu-kōngkōng
   a. 天伦之乐　　b. 两手空空

   xiǎoxīn-yìyì　　yángguāng-míngmèi
   c. 小心翼翼　　d. 阳光明媚

   fānxiāng-dǎoguì　　luànqībāzāo
   e. 翻箱倒柜　　f. 乱七八糟

   fèi jiǔ niú èr hǔ zhī lì
   g. 费九牛二虎之力

2. 用上面的词语说句子。Buatlah kalimat menggunakan Kata-kata di atas.

   Tā de fángjiān zǒngshì luànqībāzāo de.
   Contoh：他的房间 总是乱七八糟的。

3. 朗读下列词语，然后根据"会"的意思给词语分类。Bacalah kata atau frasa di bawah ini, kemudian kelompokkan berdasarkan arti "会".

   jùhuì　　yíhuìr　　wǎnhuì　　yuēhuì
   a. 聚会　　b. 一会儿　　c. 晚会　　d. 约会

   kuàijì　　yīnyuèhuì　　yùndònghuì　　Àoyùnhuì
   e. 会计　　f. 音乐会　　g. 运动会　　e. 奥运会

   （1）一会儿

   （2）约会

   （3）音乐会 ＿＿＿　＿＿＿　＿＿＿　＿＿＿

   （4）会计

8 Aktivitas Berkomunikasi 交际活动

1. 跟同伴分别扮演主考官和应聘者，编一段8－10句的对话。Buat percakapan 8-10 kalimat antara pewawancara dan pelamar kerja bersama dengan temanmu.

2. 说说你最想从事什么职业，你认为从事这个职业什么能力最重要。Ceritakan pekerjaan yang paling kamu inginkan, dan menurutmu kemampuan apa yang paling penting untuk melakukan pekerjaan ini.

Bab 19

Sīchóu zhī lù
丝绸之路
Jalur Sutra

1 Teks 课文 借助生词表，快速浏览课文后回答问题：什么是丝绸之路？ 19-1

Dengan bantuan daftar kosakata, baca sekilas bacaan, kemudian jawab pertanyaan: Apa yang dimaksud dengan Jalur Sutra?

Sīchóu zhī lù shì gǔdài Zhōngguó hé xīfāng zhī jiān de yì tiáo màoyì zhī lù. Tā dōng qǐ Zhōngguó de Xī'ān, jīngguò Zhōng yà, Xī yà, zuì yuǎn dào Fēizhōu hé Ōuzhōu. Yīnwèi zhè tiáo màoyì zhī lù yùnsòngguo hěn duō sīchóu, 1877 nián, Déguórén Lǐxīhuòfēn bǎ tā mìngmíng wéi "sīchóu zhī lù".

丝绸之路是古代中国和西方之间的一条贸易之路。它东起中国的西安，经过中亚、西亚，最远到非洲和欧洲。因为这条贸易之路运送过很多丝绸，1877年，德国人李希霍芬把它命名为"丝绸之路"。

Cóng Hàncháo yǐhòu, shìjiè gè dì de shāngrén yánzhe zhè tiáo sīchóu zhī lù, láiláiwǎngwǎng, yùnsòng gè zhǒng huòwù. Yóu cǐ, Zhōngguó de sīchóu, cháyè, cíqì děng jīhū dōu shì tōngguò zhè tiáo lù chuándàole shìjiè gè dì, xīfāng de xǔduō wùpǐn yě chuándàole Zhōngguó.

从汉朝以后，世界各地的商人沿着这条丝绸之路，来来往往，运送各种货物。由此，中国的丝绸、茶叶、瓷器等几乎都是通过这条路传到了世界各地，西方的许多物品也传到了中国。

Jawab pertanyaan 回答问题

1. Sīchóu zhī lù shì yì tiáo shénme lù?
   丝绸之路是一条什么路？

2. Sīchóu zhī lù qǐ yú nǎr? Jīngguò nǎxiē dìfang?
   丝绸之路起于哪儿？经过哪些地方？
   Zuìhòu dàodá nǎxiē dìfang?
   最后到达哪些地方？

3. Shéi bǎ zhè tiáo lù mìngmíng wéi "sīchóu zhī lù"?
   谁把这条路命名为"丝绸之路"？

4. Cóng Hàncháo yǐhòu, shìjiè gè dì de shāngrén zài zhè tiáo lù shang zuò shénme?
   从汉朝以后，世界各地的商人在这条路上做什么？

5. Zhōngguó de nǎxiē dōngxi tōngguò zhè tiáo lù chuándàole shìjiè gè dì?
   中国的哪些东西通过这条路传到了世界各地？

6. Tōngguò zhè tiáo lù xīfāng yǒu wùpǐn chuándàole Zhōngguó ma?
   通过这条路西方有物品传到了中国吗？

2 Kosakata baru 生词 19-2

1. 丝绸之路　sīchóu zhī lù　Jalur Sutra
   丝绸　sīchóu　n.　sutra
2. 西方　xīfāng　n.　daerah Barat
3. 贸易　màoyì　n.　bisnis, perdagangan
4. 运送　yùnsòng　v.　mengangkut, membawa, mengirim
5. 商人　shāngrén　n.　pedagang
6. 沿着　yánzhe　sepanjang
7. 来来往往　láiláiwǎngwǎng　lalu-lalang, datang dan pergi
8. 货物　huòwù　n.　barang, komoditi, barang dagangan
9. 由此　yóu cǐ　dengan demikian, oleh karena itu
10. 茶叶　cháyè　n.　daun teh
11. 瓷器　cíqì　n.　porselen
12. 等　děng　p.　dll, dan lain lain
13. 几乎　jīhū　adv.　hampir
14. 传　chuán　v.　menyebarkan, menyebar
15. 许多　xǔduō　num.　banyak
16. 物品　wùpǐn　n.　barang, benda

Kata benda spesifik 专有名词

1. 中亚　Zhōngyà　Asia Tengah
2. 西亚　Xīyà　Asia Barat
3. 非洲　Fēizhōu　benua Afrika
4. 欧洲　Ōuzhōu　benua Eropa
5. 汉朝　Hàncháo　Dinasti Han (260 SM– 220)

3 Catatan 注释

1. 1877年，德国人李希霍芬把它命名为"丝绸之路"。

   Struktur "把＋X＋v.＋为＋Y" berarti mengubah X menjadi Y melalui suatu tindakan yang dinyatakan dengan kata kerja.

2. 中国的丝绸、茶叶、瓷器等几乎都是通过这条路传到了世界各地

   Kata keterangan "几乎" berarti "pada dasarnya" atau "hampir semuanya".

4 Menceritakan kembali teks bacaan 复述课文

丝绸之路是……之路。它东起……，经过……、……，最远到……。因为这条贸易之路……，1877年，德国人李希霍芬把……。

从……以后，世界各地的商人……，来来往往，……。由此，中国的……、……、瓷器等几乎都是……传到了世界各地，西方的……也传到了中国。

5 Bacaan dalam bahasa Indonesia 译文

Jalur Sutra adalah jalur perdagangan antara Tiongkok kuno dan dunia Barat. Jalur ini berawal dari bagian timur Tiongkok yaitu Xi An, melewati Asia Tengah, Asia Barat, dan hingga sampai ke benua Afrika dan benua Eropa yang terjauh. Dikarenakan banyak sekali sutra yang diangkut melalui jalur perdagangan ini, pada tahun 1877, seorang warga negara Jerman Ferdinand von Richthofen memberinya nama "Jalur Sutra".

Semenjak Dinasti Han, pedagang-pedagang dari seluruh penjuru dunia berlalu-lalang melewati sepanjang Jalur Sutra ini, mengangkut berbagai macam komoditi. Oleh karena itu, hampir semua komoditi Tiongkok seperti sutra, daun teh, porselen dll, tersebar ke seluruh penjuru dunia melalui jalur ini, dan berbagai komoditi dari Barat pun juga tersebar sampai ke Tiongkok.

6 Tata bahasa 学习语法

（一）把 + X + v. + 为 + Y 19-3

1. 朗读下列句子，画出X和Y。 Bacalah kalimat di bawah ini, dan tandai X dan Y.

（1）1877年，德国人李希霍芬
把它命名为"丝绸之路"。
　　X　　　　Y

（2）为了表达对教师的尊重，
中国把9月10日定为教师节。

（3）中国人常常把妻子或丈夫称为"爱人"。

（4）我们经理经常说，要把顾客视为皇帝。

（5）把电脑屏幕改为淡绿色对眼睛比较好。

2. 根据图片，选择合适的词语，用"把 + X + v. + 为 + Y"说句子。 Pilihlah kata atau frasa yang sesuai berdasarkan gambar yang diberikan, dan buatlah kalimat menggunakan "把X + Kata kerja + 为 + Y".

a. 定　　b. 改编　　c. 称　　d. 改　　e. 读

（1）人们　6月5日　世界环境日
人们把每年的6月5日定为世界环境日。

（2）他　打算　这部小说　电视剧

（3）人们　袁隆平　"杂交水稻之父"

（4）大家　都希望　每周工作五天　四天

（5）汉语里有的时候可以"1（yī）""yāo"　比如　119

（二）几乎  19-4

1. 朗读下列句子，画出"几乎"后面的动词。 Bacalah kalimat di bawah ini, dan tandai kata kerja yang berada di belakang "几乎".

（1）中国的丝绸、茶叶、瓷器等几乎都
是通过这条路传到了世界各地。

（2）阿里来中国两个月，几乎跑遍了
半个中国。

（3）这位歌星的演唱会几乎场场爆满。

（4）现代人的生活几乎离不开手机。

（5）他几乎查遍了所有的资料，才找到了
需要的信息。

2. 组词成句，然后朗读。 Bentuklah menjadi sebuah kalimat, kemudian bacalah.

（1）几乎　我的朋友们　都会　打　乒乓球
我的朋友们几乎都会打乒乓球。

（2）世界的大城市　中国　餐馆儿　都有　几乎

（3）他们　没有　十年　几乎　见面

（4）他说话的声音　几乎　太小了
听不见　我们

（5）等了　一个小时　我　几乎
主考官　才来

Kosakata tambahan 扩展生词  19-5

1. 定 dìng v. memutuskan, menetapkan
2. 爱人 àiren n. suami atau istri
3. 视 shì v. dianggap, dipandang, diperlakukan
4. 皇帝 huángdì n. Raja
5. 屏幕 píngmù n. layar
6. 改 gǎi v. mengganti, mengubah
7. 遍 biàn v. di mana-mana
8. 歌星 gēxīng n. penyanyi
9. 演唱会 yǎnchànghuì n. konser
10. 所有 suǒyǒu a. seluruh
11. 资料 zīliào n. bahan

Kata benda spesifik 专有名词

教师节 Jiàoshī Jié Hari Guru

7 Pembelajaran kosakata dan karakter Mandarin 学习词汇和汉字

1. 朗读下列词语，然后把它们填到图中相应的位置。Bacalah kata-kata di bawah ini, kemudian isilah pada gambar yang sesuai.

   Nánfēi
   a. 南非
   Yìnní
   b. 印尼
   Měiguó
   c. 美国
   Rìběn
   d. 日本
   Déguó
   e. 德国
   Hánguó
   f. 韩国 (Republik Korea/ Korea Selatan)

   Xībānyá
   g. 西班牙
   Fǎguó
   h. 法国
   Zhōngguó
   i. 中国
   Yìdàlì
   j. 意大利

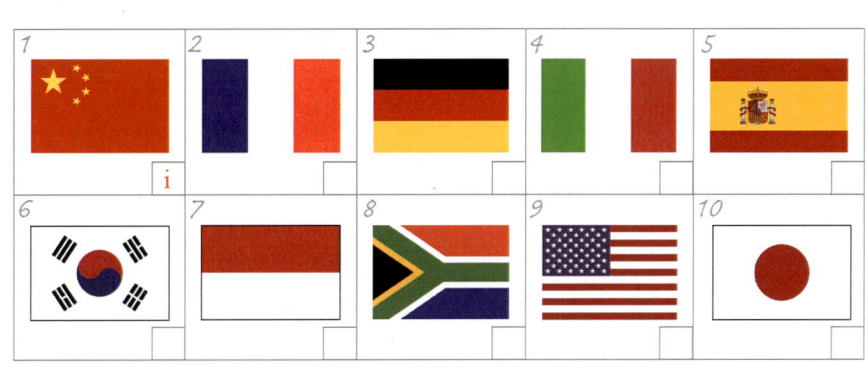

2. 说说你去过或了解的地方。Ceritakan tempat yang pernah kamu kunjungi atau tempat yang kamu kenal dengan baik.

3. 写出下列词语的拼音并朗读，注意同一个汉字的不同发音。Tulis pinyin dari kata-kata di bawah ini dan bacalah, perhatikan pelafalan yang berbeda pada karakter yang sama.

   （1）a. 休假(xiūjià)   b. 假日   c. 假如   d. 假币

   （2）a. 怎么了   b. 为了   c. 了解   d. 受不了

   （3）a. 着急   b. 睡着   c. 随着   d. 沿着

8 Aktivitas Berkomunikasi 交际活动

1. 跟同伴编一段介绍丝绸之路的对话。（8-10句）Buatlah percakapan tentang Jalur Sutra bersama dengan temanmu. (8-10 kalimat)

2. 说说你们国家的文化习俗跟你所了解的中国文化习俗有什么差异。Jelaskan perbedaan antara kebudayaan negaramu dengan kebudayaan Tiongkok yang kamu ketahui.

77

Bab 20

Hànyǔ hé tángrénjiē
汉语和唐人街
Bahasa Mandarin dan Pecinan

1 Teks 课文

借助生词表，快速浏览课文后回答问题：在国外，中国人都被称为什么人？ 20-1

Dengan bantuan daftar kosakata, baca sekilas bacaan, kemudian jawab pertanyaan: Apa sebutan untuk orang Tiongkok di luar negeri?

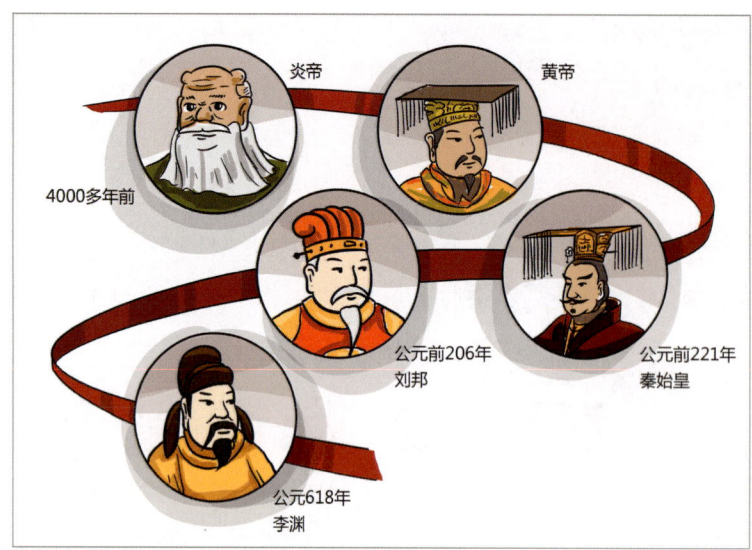

Zhōngguórén rènwéi, shēnghuó zài sìqiān duō nián
中国人 认为，生活 在4000多年
qián de Yándì hé Huángdì shì zìjǐ de zǔxiān, suǒyǐ
前的炎帝和黄帝是自己的祖先，所以
Zhōngguórén bǎ zìjǐ chēngwéi "Yán-Huáng zǐsūn".
中国人 把自己 称为"炎 黄 子孙"。
　　Yǒu rén rènwéi, Yīngyǔ de láizì
　　有人认为，英语的"China"来自
Chūnqiū Zhànguó shíqī "Qínguó" zhōng "Qín" de
春秋 战国时期"秦国"中"秦"的
fāyīn. Gōngyuán qián èr èr yī nián, Qín Shǐhuáng tǒngyī
发音。公元 前 221 年，秦 始皇 统一
le guójiā, jiànlìle Qíncháo.
了国家，建立了秦朝。

Gōngyuán qián èr líng liù nián, Liú Bāng jiànlìle
公元 前 206 年, 刘邦建立了
Hàncháo. Hàncháorén bèi chēngwéi "Hànrén", tāmen
汉朝。汉朝人被 称为"汉人"，他们
suǒ shuō de yǔyán shì "Hànyǔ", suǒ xiě de wénzì
所说的语言是"汉语"，所写的文字
shì "Hànzì".
是"汉字"。
　　Gōngyuán liù yī bā nián, Lǐ Yuān jiànlìle Tángcháo.
　　公元 618 年，李渊建立了唐朝。
Tángcháorén zìchēng "tángrén", yīncǐ, guówài
唐朝人 自称"唐人"，因此，国外
Zhōngguórén jùjí de dìfang bèi chēngwéi "tángrénjiē".
中国人 聚集的地方被 称为"唐人街"。

回答问题 Jawab pertanyaan

Zhōngguórén rènwéi shéi shì zìjǐ de zǔxiān?
1. 中国人 认为谁是自己的祖先？

Yándì hé Huángdì shì shénme shíhou de rén?
2. 炎帝和 黄帝是什么时候的人？

Zhōngguórén bǎ zìjǐ chēngwéi shénme?
3. 中国人 把自己称为 什么？

Yīngyǔ de shì zěnme lái de?
4. 英语的"China"是怎么来的？

"Hànrén" "Hànyǔ" "Hànzì" de jiàofǎ shì zěnme lái de?
5. "汉人""汉语""汉字"的叫法是怎么来的？

Guówài Zhōngguórén jùjí de dìfang wèi shénme bèi chēngwéi "tángrénjiē"?
6. 国外 中国人聚集的地方为 什么 被 称为 "唐人街"？

2 Kosakata baru 生词 🔊 20-2

1. 祖先　zǔxiān　n.　leluhur
2. 炎黄子孙　Yán-Huáng zǐsūn　keturunan dari Kaisar Yan dan Kaisar Huang
   　子孙　zǐsūn　n.　keturunan
3. 来自　láizì　v.　berasal dari
4. 时期　shíqī　n.　periode, masa
5. 发音　fāyīn　n.　pelafalan, lafal
6. 公元　gōngyuán　n.　Masehi
7. 统一　tǒngyī　v.　menyatukan
8. 建立　jiànlì　v.　mendirikan, membangun
9. 所　suǒ　p.　*digunakan sebelum kata kerja yang diikuti oleh kata benda (penerima dari tindakan)*
10. 自称　zìchēng　v.　menyebut dirinya sendiri
11. 唐人　tángrén　n.　orang Tang
12. 因此　yīncǐ　conj.　maka, oleh karena itu
13. 国外　guówài　n.　luar negeri
14. 聚集　jùjí　v.　berkumpul
15. 唐人街　tángrénjiē　n.　Pecinan

Kata benda spesifik　专有名词

1. 炎帝　Yándì　Kaisar Yan (Kaisar Api), penguasa legendaris Tiongkok
2. 黄帝　Huángdì　Kaisar Huang (Kaisar Kuning), penguasa legendaris Tiongkok
3. 春秋　Chūnqiū　Periode Musim Semi-Gugur (770 SM – 476 SM)
4. 战国　Zhànguó　Periode Negara-negara Berperang (475 SM – 221 SM)
5. 秦国　Qínguó　Negara Qin
6. 秦始皇　Qín Shǐhuáng　Qin Shihuang (259 SM – 210 SM), kaisar pertama Dinasti Qin
7. 秦朝　Qíncháo　Dinasti Qin (221 SM – 206 SM)
8. 刘邦　Liú Bāng　Liu Bang (256 SM – 195 SM), kaisar pertama Dinasti Han
9. 汉人　Hànrén　Orang Han
10. 李渊　Lǐ Yuān　Li Yuan (566 – 635), kaisar pertama Dinasti Tang
11. 唐朝　Tángcháo　Dinasti Tang (618 – 907)

3 Catatan 注释

1. 有人认为，英语的"China"来自春秋战国时期"秦国"中"秦"的发音。

   Kata kerja "来自"diikuti oleh kata benda yang menunjukkan asal mula. Kata kerja ini biasanya digunakan dalam bahasa Mandarin tertulis.

2. 他们所说的语言是"汉语"

   "所" adalah partikel. Struktur "所 + Kata kerja + 的", seperti "Kata kerja + 的", dapat digunakan untuk memodifikasi kata benda atau sebagai kata benda. Contoh: "所说的" = "说的" = "说的话" (yang dikatakan sesorang). Struktur ini biasanya digunakan dalam bahasa Mandarin tertulis.

4 Menceritakan kembali teks bacaan 复述课文

中国人认为，生活在……炎帝和黄帝是……，所以中国人把……"炎黄子孙"。
有人认为，英语的"China"……。公元前221年，秦始皇……。
公元前206年，刘邦……。汉朝人被……，他们所说的……，所写的……。
公元618年，李渊……。唐朝人……，因此，国外中国人……"唐人街"。

5 Bacaan dalam bahasa Indonesia 译文

Orang Tiongkok percaya bahwa Kaisar Yan dan Kaisar Huang yang hidup lebih dari 4000 tahun yang lalu adalah leluhur mereka, maka orang Tiongkok menyebut diri mereka sendiri sebagai "keturunan dari Yan dan Huang".

Ada orang yang beranggapan bahwa bahasa Inggris "China" berasal dari pelafalan "Qin", negara Qin, yang berada pada masa Periode Musim Semi Gugur dan Periode Negara-Negara Berperang. Pada tahun 221 SM, Kaisar Qin Shihuang menyatukan seluruh negara dan mendirikan Dinasti Qin.

Pada tahun 206 SM, Liu Bang mendirikan Dinasti Han. Orang-orang Dinasti Han disebut "Orang Han", bahasa yang mereka gunakan adalah "Bahasa Han" (Mandarin), tulisan yang mereka tulis adalah "Karakter Han" (karakter Mandarin).

Pada tahun 618, Li Yuan mendirikan Dinasti Tang. Orang-orang Dinasti Tang menyebut dirinya sebagai "orang Tang", oleh karena itu, tempat orang Tiongkok berkumpul di luar negeri disebut "Jalan orang Tang" (Pecinan).

6 Tata bahasa 学习语法

（一）来自

1. 朗读下列句子，画出"来自"后面的词语。 Bacalah kalimat di bawah ini, dan tandai kata atau frasa yang berada di belakang "来自".

（1）有人认为，英语的"China"来自春秋战国时期"秦国"中<u>"秦"的发音</u>。
　　Yǒu rén rènwéi, Yīngyǔ de　　　　láizì Chūnqiū Zhànguó shíqī "Qínguó" zhōng "Qín" de fāyīn.

（2）我们球队是个小联合国，队员来自中国、英国、美国等国家。
　　Wǒmen qiúduì shì gè xiǎo Liánhéguó, duìyuán láizì Zhōngguó, Yīngguó, Měiguó děng guójiā.

（3）汉语里有很多词来自外语，例如"沙发"来自英语的"sofa"。
　　Hànyǔ li yǒu hěn duō cí láizì wàiyǔ, lìrú "shāfā" láizì Yīngyǔ de

（4）研究发现，一个人的性格，有一半来自父母。
　　Yánjiū fāxiàn, yí gè rén de xìnggé, yǒu yí bàn láizì fùmǔ.

（5）经验来自生活。
　　Jīngyàn láizì shēnghuó.

2. 根据图片，选择合适的词语，用"来自"完成句子，然后朗读。 Pilihlah kata yang sesuai berdasarkan gambar yang diberikan dan lengkapilah kalimat menggunakan "来自", kemudian bacalah.

a. 新疆吐鲁番　b. 美国　c. 中国报纸　d. 世界各地　e. 欧洲　f. 亚洲
　Xīnjiāng Tǔlǔfān　Měiguó　Zhōngguó bàozhǐ　shìjiè gè dì　Ōuzhōu　Yàzhōu

（1）这些水果<u>来自新疆吐鲁番</u>，好吃极了。　（4）参加这次比赛的运动员＿＿＿＿。
　　Zhèxiē shuǐguǒ láizì Xīnjiāng Tǔlǔfān, hǎo chī jí le.　　Cānjiā zhè cì bǐsài de yùndòngyuán

（2）经理正在跟一位＿＿＿＿的商人谈生意。（5）我们班的同学有的＿＿＿＿，
　　Jīnglǐ zhèngzài gēn yí wèi　　　　de shāngrén tán shēngyi.　　Wǒmen bān de tóngxué yǒude

（3）这些统计数字＿＿＿＿。　　　　　　　　有的＿＿＿＿。
　　Zhèxiē tǒngjì shùzì　　　　　　　　　　　yǒude

（二）所 + v. + 的

1. 朗读下列句子，画出"所……的"中间的词语。 Bacalah kalimat di bawah ini, dan tandai kata atau frasa yang berada di antara "所" dan "的".

（1）他们所<u>说</u>的语言是"汉语"。　　　（4）大家都为今年所取得的成绩感到骄傲。
　　Tāmen suǒ shuō de yǔyán shì "Hànyǔ".　　Dàjiā dōu wèi jīnnián suǒ qǔdé de chéngjì gǎndào jiāo'ào.

（2）这是我所经历的最寒冷的冬天。　　（5）我们所希望的就是能把汉语学好。
　　Zhè shì wǒ suǒ jīnglì de zuì hánlěng de dōngtiān.　　Wǒmen suǒ xīwàng de jiù shì néng bǎ Hànyǔ xuéhǎo.

（3）每个人都应该热爱自己所从事的职业。
　　Měi gè rén dōu yīnggāi rè'ài zìjǐ suǒ cóngshì de zhíyè.

2. 选择合适的动词，用"所……的"完成句子，然后朗读。 Pilihlah kata kerja yang sesuai, dan lengkapilah kalimat menggunakan "所……的", kemudian bacalah.

a. 看到　b. 说过　c. 走过　d. 讲　e. 认识
　kàndào　shuōguo　zǒuguo　jiǎng　rènshi

（1）别忘了你<u>b</u>话。　　　　　　　　　是世界上海拔最高的淡水湖。
　　Bié wàngle nǐ　　huà.　　　　　　　shì shìjiè shang hǎibá zuì gāo de dànshuǐhú.

（2）我＿＿＿＿律师都很忙。　　（4）回过头来看我们＿＿＿＿路，多么不容易啊。
　　Wǒ　　　　lǜshī dōu hěn máng.　　Huíguò tóu lái kàn wǒmen　　　　lù, duōme bù róngyì a.

（3）您现在＿＿＿＿湖叫措那湖，（5）这本书＿＿＿＿内容给我留下了很深的印象。
　　Nín xiànzài　　　　hú jiào Cuònà Hú, Zhè běn shū　　　　nèiróng gěi wǒ liúxiàle hěn shēn de yìnxiàng.

80

Kosakata tambahan 扩展生词  20-5

1. 球队	qiúduì	n.	tim (jenis olahraga bola), tim bola		6. 寒冷	hánlěng	a.	dingin
2. 队员	duìyuán	n.	anggota tim		7. 热爱	rè'ài	v.	gemar, menyukai
3. 例如	lìrú	v.	contoh, misal		8. 从事	cóngshì	v.	menekuni, terjun dalam (pekerjaan)
4. 一半	yíbàn	num.	setengah		9. 职业	zhíyè	n.	pekerjaan
5. 经历	jīnglì	v.	mengalami					

Kata benda spesifik 专有名词

联合国   Liánhéguó   Persekutuan Bangsa-Bangsa (PBB)

7 Pembelajaran kosakata dan karakter Mandarin 学习词汇和汉字

1. 把下列人物填到他们所在的朝代。Isilah tokoh-tokoh bersejarah di bawah ini pada dinasti mereka berada.

朝代 dinasti	时间 waktu	著名人物 tokoh terkemuka	
夏朝	公元前 2070 – 前1600		a. 李 白（701 – 762）
商朝	公元前 1600 – 前1046		b. 王羲之（303 – 361）
周朝	公元前 1046 – 前256		c. 李 渊（566 – 635）
秦朝	公元前 221 – 前206		d. 秦始皇（前259 – 前210）
汉朝	公元前 206 – 公元220		e. 刘 邦（前256 – 前195）
晋朝	公元 265 – 420		f. 孔 子（前551 – 前479）
南北朝	公元 420 – 589		g. 祖冲之（429 – 500）
唐朝	公元 618 – 907	a. 李白	
宋朝	公元 960 – 1279		
元朝	公元 1206 – 1368		
明朝	公元 1368 – 1644		
清朝	公元 1616 – 1911		

2. 说说上面每个人所在的朝代。Ceritakan tentang dinasti dari tiap tokoh bersejarah di atas.

3. 朗读下列常用汉字，并组词。Bacalah karakter-karakter umum mandarin di bawah, dan bentuk menjadi kata.  20-6

bā	gōng	ma	bāo	piàn	shǐ	wěi	hū	chá	qīng
八	功	吗	包	片	史	委	乎	查	轻
yì	zǎo	céng	chú	nóng	zhǎo	zhuāng	guǎng	xiǎn	ba
易	早	曾	除	农	找	装	广	显	吧
a	lǐ	biāo	tán	chī	tú	niàn	liù	yǐn	lì
阿	李	标	谈	吃	图	念	六	引	历
shǒu	yī	jú	tū	zhuān	fèi	hào	jǐn/jìn	lìng	zhōu
首	医	局	突	专	费	号	尽	另	周
jiào	zhù	yǔ	jǐn	kǎo	là/luò	qīng	suí	xuǎn	liè
较	注	语	仅	考	落	青	随	选	列

8 Aktivitas Berkomunikasi 交际活动

1. 跟同伴编一段介绍中国历史的对话。（8－10句）Buatlah percakapan tentang sejarah Tiongkok bersama dengan temanmu. (8-10 kalimat).

2. 说说你学汉语的感受。Ceritakan perasaanmu dalam mempelajari bahasa Mandarin.

繁体课文
Teks Bacaan Aksara Tradisional

第 1 课　孔子

借助生詞表，快速瀏覽課文後回答問題：孔子有多少個學生？

孔子姓孔，名丘，是中國著名的思想家、教育家。"孔子"是人們對他的尊稱，"子"的意思是"有學問的人"。

孔子是中國第一位在民間開辦學校的人。他有三千多個學生，其中最有名的有72個。他提出了"有教無類""溫故知新"等教育思想。

由孔子的學生編纂的《論語》一書，記載了孔子主張的儒家思想。儒家思想對中國社會發展產生了深遠的影響。

第 2 课　手機短信

借助生詞表，快速瀏覽課文後回答問題：手機短信能做什麼？

據統計，在中國，人們平均每天發送3億多條手機短信。

手機短信有很多功能，比如一些當面不方便說的話，可以通過短信來說；擔心別人不方便接電話，可以通過短信告訴對方；節日裏，人們可以通過短信表達問候；另外，人們還常常通過互相轉發幽默短信，分享快樂。

在中國，手機短信越來越成為人們生活中重要的一部分。

第 3 课　空馬車

借助生詞表，快速瀏覽課文後回答問題：黑格爾跟父親討論什麼問題？

一天，陽光明媚，年輕的黑格爾陪父親在樹林中悠閒地散步。

走到一個幽靜的地方，父親問他："除了小鳥的叫聲以外，你還聽到了什麼？"

黑格爾說："我聽到了馬車的聲音。"

父親說："對，是一輛空馬車。"

黑格爾聽了很驚訝，他問："您沒看到，怎麼知道是空馬車呢？"

父親說："從聲音就能分辨出來，馬車越空，噪聲就越大。"

第 4 课　海洋館的廣告

借助生詞表，快速瀏覽課文後回答問題：海洋館有什麼變化？

王經理在內陸城市開了一家海洋館，可是由於門票太貴，參觀的人很少，眼看就要倒閉了。

王經理到處徵求好點子，想讓海洋館的生意好起來。

不久，一個女教師出現在王經理的辦公室，說她有一個好點子。

王經理按女教師的主意，登出了新廣告。一個月後，海洋館天天爆滿，三分之一是兒童，三分之二是家長。三個月後，海洋館開始贏利了。

海洋館的廣告只有六個字——"兒童參觀免費"。

第 5 课　筷子

借助生詞表，快速瀏覽課文後回答問題：中國人從什麼時候開始用筷子吃飯？

傳說，四千多年前，禹帶領人們治理黃河洪水。大家每天都緊張地工作，非常辛苦。

有一天，他們工作了很長時間，都餓極了，就煮肉吃。肉煮好了，因為很燙，不能用手拿着吃。

禹想出來一個好辦法，找來兩根小樹枝夾肉吃。大家都紛紛按照他的方法吃起肉來。用筷子吃肉，既方便又不燙手。

後來，人們逐漸開始用這種方法吃飯，筷子就這麼誕生了。

第 6 課　慢生活

借助生詞表，快速瀏覽課文後回答問題：什麼是慢生活？

現代人的生活節奏越來越快，于是，有人提出"慢生活"的理念。"慢生活"的意思是，生活不只是緊張的工作，還應該有放鬆的時間；不能只有快節奏，還需要慢節奏。比如，忙碌地工作了一段時間以後，抽空兒跟家人一起好好兒吃頓飯，聊聊天兒；或者逛逛書店，讀讀感興趣的書；或者泡杯茶，聽聽音樂……

"慢生活"是一種生活態度，它使你的生活更有趣，更豐富。

第 7 課　剪褲子

借助生詞表，快速瀏覽課文後回答問題：小東的褲子最後短了幾寸？

爲了參加明天的畢業典禮，小東買了條新褲子。回家試了試，發現褲子長兩寸。晚飯的時候，小東說起這件事，大家都沒說話。

媽媽一直惦記着這件事，臨睡前悄悄地把褲子剪了兩寸。

半夜裏，姐姐在睡夢中猛然想起這件事，又把褲子剪了兩寸。

奶奶也一直惦記着孫子的褲子，第二天一大早就起來，把褲子又剪了兩寸。

結果，小東只好穿着短四寸的褲子去參加畢業典禮了。

第 8 課　吐魯番

借助生詞表，快速瀏覽課文後回答問題：吐魯番有什麼特別的地方？

新疆吐魯番夏天非常熱，所以被稱爲"火洲"。最熱的時候，這裏沙土的表面溫度達到82℃！假如你把一個生雞蛋放進沙土裏，一會兒就能熟。春天和秋天，這裏白天和晚上溫差又特別大，所以流傳着這樣一句俗語："早穿皮襖午穿紗，圍着火爐吃西瓜。"

吐魯番盛產水果，尤其是葡萄和哈密瓜，又香又甜。所以每到夏天，當水果熟了的時候，各地的人們都喜歡來這裏旅游。

第 9 課　坐電梯

借助生詞表，快速瀏覽課文後回答問題："我"做了什麼事？

昨天下午自習後，我在圖書館等電梯的時候，來了一個男生和一個女生。

男生悄悄地對女生說："晚上我能請你喝杯咖啡嗎？"女生害羞地看了他一眼："除非你走樓梯比我先到8層，我才去。"

電梯來了，男生拔腿就往樓上跑。進了電梯，我默默地把2層到7層的電梯按鈕全摁了一遍。

坐到7層我就出來了，但是我一直沒敢回頭看那女生的眼神。出來後我心裏對那個男生說：學長只能幫你這些了！

第 10 課　有趣的諧音詞

借助生詞表，快速瀏覽課文後，舉例說明漢語的諧音詞。

漢語有很多諧音詞，它們的使用反映出一些有趣的中國文化現象。

比如春節的時候，中國人喜歡吃雞吃魚，因爲"雞"和"吉"諧音，表示"吉利"，"魚"和"餘"諧音，表示"年年有餘"；家人和朋友之間不能分梨吃，因爲"分梨"和"分離"諧音；送朋友禮物不能送鐘，因爲"送鐘"和"送終"諧音；人們不喜歡有"4"的車牌和電話號碼，因爲"4"和"死"諧音。

諧音詞的使用使漢語的表達豐富而有趣。

第 11 課 海豚和鯊魚

借助生詞表，快速瀏覽課文後回答問題：海豚做了什麼？

一位爸爸帶着女兒在海裏游泳，正游得高興，突然游過來幾條海豚。海豚把他們緊緊地圍在中間，不讓他們出去。

爸爸正覺得奇怪，突然看到一條大鯊魚朝他們游過來。他們發現，只要大鯊魚游過來，海豚們就用力地拍打水面，不讓它靠近。大鯊魚嘗試了好幾次都失敗了，最後只好失望地離開了。

等大鯊魚游得很遠了，這些可愛的海豚纔讓爸爸和女兒游出去，并且一直跟在後面，把他們送到岸邊。

第 12 課 什麼也沒做

借助生詞表，快速瀏覽課文後回答問題：妻子今天做什麼了？

丈夫下班回家，吃驚地發現，家裏實在太亂了！孩子們臉上、身上都很髒；地毯上堆滿了髒衣服。厨房裏，連碗都沒有洗。

家裏究竟發生了什麼事？他急忙奔向卧室，看見妻子正悠閒地躺在床上翻相册。

丈夫驚奇地問："今天家裏怎麼了？"妻子得意地回答說："你每天下班，總是問'今天你在家裏做了什麼'，現在你看到了，今天我什麼也沒做。"

第 13 課 老年人的休閒生活

借助生詞表，快速瀏覽課文後回答問題：中國的老年人喜歡做什麼？

在中國，老年人的休閒方式豐富多彩。

早上，他們喜歡在公園裏活動，有的打太極拳，有的唱京劇，有的練書法。

白天，一些老人喜歡去老年大學學習繪畫、書法、攝影、戲曲等，還有一些老人經常圍在一起下象棋，打麻將。

晚上，很多老人在家裏一邊看電視，一邊和家人聊天兒，也有一部分老人去廣場跳舞。

周末，老人常常和兒孫們在一起，吃飯，逛公園，郊游，或者去看演出，聽相聲，享受天倫之樂。

第 14 課 青藏鐵路

借助生詞表，快速瀏覽課文後回答問題：在青藏鐵路的火車上可以看到什麼？

青藏鐵路是世界上最長、最高的鐵路，它東起青海西寧市，南到西藏拉薩市，長1956公里，最高的地方海拔5072米。

青藏鐵路沿綫的風景非常漂亮。人們坐在火車上，可以看到美麗的玉珠峰，也可以看到世界上海拔最高的淡水湖——措那湖，要是幸運的話，甚至可以看到珍稀的藏羚羊。

青藏鐵路加强了西藏與其他省的交流，促進了西藏的發展。

第 15 課 地球一小時

借助生詞表，快速瀏覽課文後回答問題：地球一小時，人們都可以做什麼？

"地球一小時"，是2007年開始的一項全球性環境保護活動。

為了減少碳排放，世界自然基金會發起了這項活動，倡議人們在每年3月最後一個星期六晚上八點半到九點半，熄燈一個小時。

熄燈一小時，我們可以做什麼呢？

我們或者在家裏享受燭光晚餐；或者和孩子們一起游戲，度過親子時光；或者和朋友一起談心，講故事；我們還可以帶上食品、飲料到公園裏聚餐；或者出門散步……

朋友，你選擇做什麼呢？

第 16 課 母親水窖

借助生詞表，快速瀏覽課文後回答問題：什麼是"母親水窖"？

中國西部是世界上最乾旱的地方之一。這些年，這裏的男人大都去大城市打工了，家裏只剩下婦女勞動。爲了取得生活用水，她們不得不每天走幾十公里山路，非常辛苦。

爲了減輕婦女取水的負擔，2001年中國開始實施"母親水窖"工程。"母親水窖"就是在地下修建的水窖，收集雨水，供生活使用。

到2011年，"母親水窖"工程一共修建了12.8萬個水窖，解決了180萬人的生活用水問題。

第 17 課　月光族

借助生詞表，快速瀏覽課文後回答問題：北京的"月光族"多嗎？

"月光族"就是每個月的工資基本花光一族。他們普遍認爲，錢，只有花出去，才是自己的。

李小姐兩年前大學畢業，月工資是6500元，跟北京的平均工資相比，她的工資其實不算低。但是每個月她不僅要支付房租、生活費，還要購物、偶爾跟朋友聚會等，錢總是不夠花。

李小姐無奈地說："每到月底，我就兩手空空地盼望着下個月的工資。"

現在，在北京，這樣的"月光族"大約占大學畢業生的30%。

第 18 課　細心

借助生詞表，快速瀏覽課文後回答問題：人民幣的背面都是什麼？

去年我去應聘一家跨國公司的會計。第一輪面試後，主考官給我一張100元錢，讓我買第二輪考試用的耳機。但我發現是假幣，他們馬上就換了一張。

最後一次面試，主考官問我："你能說說人民幣背面都是什麽風景嗎？"我說："100元的背面是人民大會堂，50元的是布達拉宮，20元的是桂林山水……"主考官滿意地說："很好！對會計來說，細心就是最好的能力！"

就這樣，我順利地通過了面試，被正式錄用了。

第 19 課　絲綢之路

借助生詞表，快速瀏覽課文後回答問題：什麽是絲綢之路？

絲綢之路是古代中國和西方之間的一條貿易之路。它東起中國的西安，經過中亞、西亞，最遠到非洲和歐洲。因爲這條貿易之路運送過很多絲綢，1877年，德國人李希霍芬把它命名爲"絲綢之路"。

從漢朝以後，世界各地的商人沿着這條絲綢之路，來來往往，運送各種貨物。由此，中國的絲綢、茶葉、瓷器等幾乎都是通過這條路傳到了世界各地，西方的許多物品也傳到了中國。

第 20 課　漢語和唐人街

借助生詞表，快速瀏覽課文後回答問題：在國外，中國人都被稱爲什麽人？

中國人認爲，生活在4000多年前的炎帝和黃帝是自己的祖先，所以中國人把自己稱爲"炎黃子孫"。

有人認爲，英語的"China"來自春秋戰國時期"秦國"中"秦"的發音。公元前221年，秦始皇統一了國家，建立了秦朝。

公元前206年，劉邦建立了漢朝。漢朝人被稱爲"漢人"，他們所說的語言是"漢語"，所寫的文字是"漢字"。

公元618年，李淵建立了唐朝。唐朝人自稱"唐人"，因此，國外中國人聚集的地方被稱爲"唐人街"。

生词表
Daftar Kosakata Baru

简体 Aksara Sederhana	繁体 Aksara Tradisional	拼音 Pinyin	词性 Jenis Kata	课号 Bab
A				
爱	愛	ài	v.	6
爱人	愛人	àiren	n.	19
岸边	岸邊	ànbiān	n.	11
按	按	àn	p.	4
按钮	按鈕	ànniǔ	n.	9
按照	按照	ànzhào	p.	5
B				
拔腿	拔腿	bá tuǐ	v.	9
白天	白天	báitiān	n.	8
摆	擺	bǎi	v.	15
拜年	拜年	bài nián	v.	13
办	辦	bàn	v.	15
办法	辦法	bànfǎ	n.	5
办签证	辦簽證	bàn qiānzhèng		15
半夜	半夜	bànyè	n.	7
保持	保持	bǎochí	v.	3
爆满	爆滿	bàomǎn	v.	4
背包	背包	bēibāo	n.	12
北方	北方	běifāng	n.	16
背面	背面	bèimiàn	n.	18
奔	奔	bēn	v.	12
奔向	奔向	bēnxiàng		12
比分	比分	bǐfēn	n.	4
比如	比如	bǐrú	v.	2
毕业典礼	畢業典禮	bì yè diǎnlǐ		7
毕业生	畢業生	bìyèshēng	n.	17
编纂	編纂	biānzuǎn	v.	1
变化	變化	biànhuà	v.	12
遍	遍	biàn	v.	19
表达	表達	biǎodá	v.	2
别人	別人	biérén	pron.	2
并且	並且	bìngqiě	conj.	11
不断	不斷	búduàn	adv.	12
不得不	不得不	bù dé bù		16
不仅	不僅	bùjǐn	conj.	17
不景气	不景氣	bù jǐngqì		2
不久	不久	bùjiǔ	a.	4
部分	部分	bùfen	n.	2
C				
猜	猜	cāi	v.	5
财富	財富	cáifù	n.	13
插	插	chā	v.	15
茶馆儿	茶館兒	cháguǎnr	n.	13
茶叶	茶葉	cháyè	n.	19
尝试	嘗試	chángshì	v.	11
倡议	倡議	chàngyì	v.	15
朝	朝	cháo	p.	11
车牌	車牌	chēpái	n.	10
称	稱	chēng	v.	8
称为	稱爲	chēngwéi		8
成为	成爲	chéngwéi	v.	2
诚实	誠實	chéngshí	a.	6
吃惊	吃驚	chī jīng	v.	12
充满	充滿	chōngmǎn	v.	7
抽空儿	抽空兒	chōu kòngr		6
出口	出口	chū kǒu		17
出名	出名	chū míng		10
出色	出色	chūsè	a.	17
出现	出現	chūxiàn	v.	
除非	除非	chúfēi	conj.	9
除了……	除了……	chúle……		3
以外	以外	yǐwài		
传	傳	chuán	v.	19
船	船	chuán	n.	14
床	床	chuáng	n.	12
瓷器	瓷器	cíqì	n.	19
辞	辭	cí		7
从事	從事	cóngshì	v.	20
促进	促進	cùjìn	v.	14
寸	寸	cùn	n.(kbb)	7

86

简体 Aksara Sederhana	繁体 Aksara Tradisional	拼音 Pinyin	词性 Jenis Kata	课号 Bab
D				
打工	打工	dǎ gōng	v.	7
打扰	打擾	dǎrǎo	v.	6
打听	打聽	dǎting	v.	4
打印	打印	dǎyìn	v.	5
大约	大約	dàyuē	adv.	17
带领	帶領	dàilǐng	v.	5
担心	擔心	dān xīn	v.	2
诞生	誕生	dànshēng	v.	5
淡水湖	淡水湖	dànshuǐhú	n.	14
当面	當面	dāng miàn	adv.	2
当前	當前	dāngqián	n.	18
导演	導演	dǎoyǎn	n.	17
到处	到處	dàochù	adv.	4
倒退	倒退	dàotuì	v.	14
道歉	道歉	dào qiàn	v.	6
的话	的話	dehuà	p.	14
登	登	dēng	v.	4
等	等	děng	p.	19
滴	滴	dī	n.(kbb)	12
地毯	地毯	dìtǎn	n.	12
地下	地下	dìxià	n.	16
第二天	第二天	dì-èr tiān		7
典礼	典禮	diǎnlǐ	n.	7
点子	點子	diǎnzi	n.	4
电子计算机	電子計算機	diànzǐ jìsuànjī		8
惦记	惦記	diànjì	v.	7
定	定	dìng	v.	19
度过	度過	dùguò	v.	15
段	段	duàn	n.(kbb)	6
堆满	堆滿	duīmǎn		12
队员	隊員	duìyuán	n.	20
对方	對方	duìfāng	n.	2
顿	頓	dùn	n.(kbb)	6
E				
摁	摁	èn	v.	9
儿孙	兒孫	érsūn	n.	7
儿童	兒童	értóng	n.	4
而	而	ér	conj.	10
F				
发光	發光	fāguāng	v.	11
发起	發起	fāqǐ	v.	15
发送	發送	fāsòng	v.	2
发音	發音	fāyīn	n.	20
发展	發展	fāzhǎn	v.	1
翻	翻	fān	v.	12
反对	反對	fǎnduì	v.	13
反映	反映	fǎnyìng	v.	10
饭	飯	fàn	n.	6
方式	方式	fāngshì	n.	1
放松	放鬆	fàngsōng	v.	6
分辨	分辨	fēnbiàn	v.	3
分离	分離	fēnlí	v.	10
分享	分享	fēnxiǎng	v.	2
纷纷	紛紛	fēnfēn	adv.	5
丰富	豐富	fēngfù	a.	6
丰富多彩	豐富多彩	fēngfù-duōcǎi		13
父母	父母	fùmǔ	n.	3
父亲	父親	fùqīn	n.	3
负担	負擔	fùdān	n.	16
妇女	婦女	fùnǚ	n.	16
G				
改	改	gǎi	v.	19
改善	改善	gǎishàn	v.	17
干旱	乾旱	gānhàn	a.	16
尴尬	尷尬	gāngà	a.	11
感激	感激	gǎnjī	v.	7
感觉	感覺	gǎnjué	v.	1
歌星	歌星	gēxīng	n.	19
各地	各地	gè dì		8
各国	各國	gè guó		6
根	根	gēn	n.(kbb)	5

87

简体 Aksara Sederhana	繁体 Aksara Tradisional	拼音 Pinyin	词性 Jenis Kata	课号 Bab
工程	工程	gōngchéng	n.	16
工具	工具	gōngjù	n.	6
工作人员	工作人員	gōngzuò rényuán		15
公元	公元	gōngyuán	n.	20
功能	功能	gōngnéng	n.	2
供	供	gōng	v.	16
够	够	gòu	v.	17
孤儿	孤兒	gū'ér	n.	11
孤儿院	孤兒院	gū'éryuàn	n.	11
古老	古老	gǔlǎo	a.	10
广场	廣場	guǎngchǎng	n.	13
规定	規定	guīdìng	n.	5
规则	規則	guīzé	n.	5
桂林山水	桂林山水	Guìlín shānshuǐ		18
国际	國際	guójì	n.	18
国内	國內	guónèi	n.	14
国外	國外	guówài	n.	20

H

简体	繁体	拼音	词性	课号
哈密瓜	哈密瓜	hāmìguā	n.	8
海	海	hǎi	n.	11
海拔	海拔	hǎibá	n.	14
海豚	海豚	hǎitún	n.	11
海外	海外	hǎiwài	n.	12
海洋	海洋	hǎiyáng	n.	4
海洋馆	海洋館	hǎiyángguǎn	n.	4
害羞	害羞	hài xiū	a.	9
寒冷	寒冷	hánlěng	a.	20
好处	好處	hǎochù	n.	18
好几	好幾	hǎojǐ	num.	11
合作	合作	hézuò	v.	9
洪水	洪水	hóngshuǐ	n.	5
后悔	後悔	hòuhuǐ	v.	14
互联网	互聯網	hùliánwǎng	n.	2
互相	互相	hùxiāng	adv.	2
花	花	huā	v.	17
花瓶	花瓶	huāpíng	n.	15

简体 Aksara Sederhana	繁体 Aksara Tradisional	拼音 Pinyin	词性 Jenis Kata	课号 Bab
皇帝	皇帝	huángdì	n.	19
回头	回頭	huí tóu	v.	9
回忆	回憶	huíyì	v.	7
会议	會議	huìyì	n.	18
绘画	繪畫	huìhuà	v.	13
婚礼	婚禮	hūnlǐ	n.	16
婚纱	婚紗	hūnshā	n.	15
活动	活動	huódòng	v.	13
火炉	火爐	huǒlú	n.	8
火洲	火洲	huǒzhōu	n.	8
或者	或者	huòzhě	conj.	6
货物	貨物	huòwù	n.	19
获得	獲得	huòdé	v.	2

J

简体	繁体	拼音	词性	课号
几乎	幾乎	jīhū	adv.	19
机会	機會	jīhuì	n.	12
鸡	雞	jī	n.	10
积极	積極	jījí	a.	1
基本	基本	jīběn	adv.	17
基金	基金	jījīn	n.	15
基金会	基金會	jījīnhuì	n.	15
吉	吉	jí	a.	10
吉利	吉利	jílì	a.	5
急忙	急忙	jímáng	adv.	12
急事	急事	jí shì	n.	16
疾病	疾病	jíbìng	n.	1
计划	計劃	jìhuà	n.	13
计算机	計算機	jìsuànjī	n.	8
记	記	jì	v.	13
记载	記載	jìzǎi	v.	1
加强	加強	jiāqiáng	v.	14
加油	加油	jiā yóu	v.	4
加油站	加油站	jiāyóuzhàn	n.	4
夹	夾	jiā	v.	5
家里	家裏	jiāli	n.	12
家乡	家鄉	jiāxiāng	n.	7

简体 Aksara Sederhana	繁体 Aksara Tradisional	拼音 Pinyin	词性 Jenis Kata	课号 Bab	简体 Aksara Sederhana	繁体 Aksara Tradisional	拼音 Pinyin	词性 Jenis Kata	课号 Bab
家长	家長	jiāzhǎng	n.	4	**K**				
假币	假幣	jiǎbì	n.	18	开	開	kāi	v.	4
假如	假如	jiǎrú	conj.	8	开办	開辦	kāibàn	v.	1
减轻	減輕	jiǎnqīng	v.	16	考官	考官	kǎoguān	n.	18
减少	減少	jiǎnshǎo	v.	15	考虑	考慮	kǎolǜ	v.	9
剪	剪	jiǎn	v.	7	靠	靠	kào	v.	3
建立	建立	jiànlì	v.	20	靠近	靠近	kàojìn	v.	11
交流	交流	jiāoliú	v.	1	可爱	可愛	kě'ài	a.	11
郊游	郊游	jiāoyóu	v.	13	可靠	可靠	kěkào	a.	6
骄傲	驕傲	jiāo'ào	a.	10	课表	課表	kèbiǎo	n.	18
焦急	焦急	jiāojí	a.	11	课程	課程	kèchéng	n.	18
叫声	叫聲	jiàoshēng	n.	3	空	空	kōng	a.	3
教育	教育	jiàoyù	n.	1	空调	空調	kōngtiáo	n.	9
教育家	教育家	jiàoyùjiā	n.	1	跨国	跨國	kuàguó	v.	18
接触	接觸	jiēchù	v.	17	会计	會計	kuàijì	n.	18
节假日	節假日	jiéjiàrì	n.	16	困难	困難	kùnnan	a.	2
节约	節約	jiéyuē	v.	7	**L**				
节奏	節奏	jiézòu	n.	6	垃圾	垃圾	lājī	n.	16
结果	結果	jiéguǒ	conj.	7	来来往往	來來往往	láiláiwǎngwǎng		19
今后	今後	jīnhòu	n.	2	来自	來自	láizì	v.	20
金子	金子	jīnzi	n.	11	劳动	勞動	láodòng	v.	16
紧急	緊急	jǐnjí	a.	8	老年	老年	lǎonián	n.	13
紧紧	緊緊	jǐnjǐn		11	老年人	老年人	lǎoniánrén	n.	13
进步	進步	jìnbù	v.	10	冷静	冷靜	lěngjìng	a.	8
进口	進口	jìnkǒu	v.	16	梨	梨	lí	n.	10
进入	進入	jìnrù	v.	9	理念	理念	lǐniàn	n.	6
经济	經濟	jīngjì	n.	2	例如	例如	lìrú	v.	20
经历	經歷	jīnglì	v.	20	联系	聯係	liánxì	v.	2
经营	經營	jīngyíng	v.	2	脸	臉	liǎn	n.	12
惊奇	驚奇	jīngqí	a.	12	脸上	臉上	liǎnshang		12
惊讶	驚訝	jīngyà	a.	3	练	練	liàn	v.	13
究竟	究竟	jiūjìng	adv.	12	恋爱	戀愛	liàn'ài	v.	8
举办	舉辦	jǔbàn	v.	1	两手空空	兩手空空	liǎngshǒu-kōngkōng		17
据	據	jù	p.	2					
聚餐	聚餐	jùcān	v.	15	临	臨	lín	p.	7
聚集	聚集	jùjí	v.	20	流传	流傳	liúchuán	v.	8
决赛	決賽	juésài	n.	9					

89

简体 Aksara Sederhana	繁体 Aksara Tradisional	拼音 Pinyin	词性 Jenis Kata	课号 Bab	简体 Aksara Sederhana	繁体 Aksara Tradisional	拼音 Pinyin	词性 Jenis Kata	课号 Bab
楼梯	樓梯	lóutī	n.	9	女性	女性	nǚxìng	n.	8
录用	錄用	lùyòng	v.	18	**O**				
轮	輪	lún	n.(kbb)	18	偶尔	偶爾	ǒu'ěr	adv.	17
论文	論文	lùnwén	n.	4	**P**				
落后	落後	luòhòu	v.	10	怕	怕	pà	v.	14
M					拍	拍	pāi	v.	11
麻烦	麻煩	máfan	v.	16	拍打	拍打	pāidǎ	v.	11
麻将	麻將	májiàng	n.	13	排放	排放	páifàng	v.	15
马车	馬車	mǎchē	n.	3	盼望	盼望	pànwàng	v.	17
忙碌	忙碌	mánglù	a.	6	跑	跑	pǎo	v.	9
贸易	貿易	màoyì	n.	19	泡	泡	pào	v.	6
美丽	美麗	měilì	a.	10	陪	陪	péi	v.	3
猛然	猛然	měngrán	adv.	7	皮袄	皮襖	pí'ǎo	n.	8
谜语	謎語	míyǔ	n.	5	屏幕	屏幕	píngmù	n.	19
民间	民間	mínjiān	n.	1	普遍	普遍	pǔbiàn	a.	17
名	名	míng	v.	1	**Q**				
明媚	明媚	míngmèi	a.	3	期间	期間	qījiān	n.	13
默默	默默	mòmò	adv.	9	其实	其實	qíshí	adv.	17
母亲	母親	mǔqīn	n.	16	其他	其他	qítā	pron.	14
N					谦虚	謙虛	qiānxū	a.	10
那里	那裏	nàli	pron.	12	签证	簽證	qiānzhèng	n.	15
男生	男生	nánshēng	n.	9	钱包	錢包	qiánbāo	n.	9
南方	南方	nánfāng	n.	4	悄悄	悄悄	qiāoqiāo	adv.	7
南极	南極	nánjí	n.	14	亲戚	親戚	qīnqi	n.	16
难办	難辦	nán bàn		16	亲子	親子	qīnzǐ	n.	15
难事	難事	nánshì	n.	18	球	球	qiú	n.	5
内陆	內陸	nèilù	n.	4	球队	球隊	qiúduì	n.	20
内向	內向	nèixiàng	a.	13	取得	取得	qǔdé	v.	16
能力	能力	nénglì	n.	18	去年	去年	qùnián	n.	18
年年有余	年年有餘	niánnián-yǒuyú		10	全球	全球	quánqiú	n.	15
年长	年長	niánzhǎng	a.	8	全球性	全球性	quánqiúxìng		15
鸟	鳥	niǎo		3	**R**				
农村	農村	nóngcūn	n.	5	热爱	熱愛	rè'ài	v.	20
暖	暖	nuǎn	a.	10	热情	熱情	rèqíng	a.	10
女生	女生	nǚshēng	n.	9					

简体 Aksara Sederhana	繁体 Aksara Tradisional	拼音 Pinyin	词性 Jenis Kata	课号 Bab	简体 Aksara Sederhana	繁体 Aksara Tradisional	拼音 Pinyin	词性 Jenis Kata	课号 Bab
认	認	rèn	v.	5	实际	實際	shíjì	a./n.	12
日常	日常	rìcháng	a.	8	实际上	實際上	shíjìshang	adv.	12
肉	肉	ròu	n.	5	实施	實施	shíshī	v.	16
儒家思想	儒家思想	Rújiā sīxiǎng		1	实在	實在	shízài	adv.	12
S					食品	食品	shípǐn	n.	15
散步	散步	sàn bù	v.	3	使	使	shǐ	v.	6
沙土	沙土	shātǔ	n.	8	世纪	世紀	shìjì	n.	8
纱	紗	shā	n.	8	试	試	shì	v.	7
鲨鱼	鯊魚	shāyú	n.	11	视	視	shì	v.	19
傻瓜	傻瓜	shǎguā	n.	17	释放	釋放	shìfàng	v.	6
山路	山路	shānlù	n.	16	收集	收集	shōují	v.	16
山水	山水	shānshuǐ	n.	18	收银台	收銀臺	shōuyíntái	n.	14
商人	商人	shāngrén	n.	19	手表	手表	shǒubiǎo	n.	11
赏月	賞月	shǎng yuè		3	受伤	受傷	shòu shāng		16
社会	社會	shèhuì	n.	1	售货员	售貨員	shòuhuòyuán	n.	3
摄影	攝影	shèyǐng	v.	13	书店	書店	shūdiàn	n.	6
身边	身邊	shēnbiān		8	熟	熟	shú	a.	8
身份	身份	shēnfèn	n.	15	树林	樹林	shùlín	n.	3
身份证	身份證	shēnfènzhèng	n.	15	树枝	樹枝	shùzhī	n.	5
身上	身上	shēnshang		12	水窖	水窖	shuǐjiào	n.	16
深远	深遠	shēnyuǎn	a.	1	水面	水面	shuǐmiàn	n.	11
神秘	神秘	shénmì	a.	10	睡梦	睡夢	shuìmèng	n.	7
甚至	甚至	shènzhì	conj.	14	顺利	順利	shùnlì	a.	18
生	生	shēng	a.	8	说起	说起	shuōqǐ		7
生产	生產	shēngchǎn	v.	3	丝绸	絲綢	sīchóu	n.	19
生活费	生活費	shēnghuófèi	n.	17	丝绸之路	絲綢之路	sīchóu zhī lù		19
生活用水	生活用水	shēnghuó yòngshuǐ		16	思想	思想	sīxiǎng	n.	1
声调	聲調	shēngdiào	n.	15	思想家	思想家	sīxiǎngjiā	n.	1
省	省	shěng	n.	14	死	死	sǐ	v.	10
圣人	聖人	shèngrén	n.	8	送终	送終	sòng zhōng	v.	10
盛产	盛產	shèngchǎn	v.	8	俗语	俗語	súyǔ	n.	8
失望	失望	shīwàng	v.	11	算	算	suàn	v.	17
湿润	濕潤	shīrùn	a.	10	随着	隨着	suízhe	p.	12
时光	時光	shíguāng	n.	15	岁	歲	suì	n.(kbb)	7
时期	時期	shíqī	n.	20	孙子	孫子	sūnzi	n.	7
					所	所	suǒ	p.	20

简体 Aksara Sederhana	繁体 Aksara Tradisional	拼音 Pinyin	词性 Jenis Kata	课号 Bab	简体 Aksara Sederhana	繁体 Aksara Tradisional	拼音 Pinyin	词性 Jenis Kata	课号 Bab
所有	所有	suǒyǒu	a.	19	温暖	溫暖	wēnnuǎn	a.	10
T					问候	問候	wènhòu	v.	2
他人	他人	tārén	pron.	9	无奈	無奈	wúnài	v.	17
台风	颱風	táifēng	n.	14	午	午	wǔ		8
谈	談	tán	v.	9	物品	物品	wùpǐn	n.	19
谈心	談心	tán xīn	v.	15	**X**				
碳	碳	tàn	n.	15	西部	西部	xībù	n.	16
碳排放	碳排放	tàn páifàng		15	西餐	西餐	xīcān	n.	15
唐人	唐人	tángrén	n.	20	西方	西方	xīfāng	n.	19
唐人街	唐人街	tángrénjiē	n.	20	熄灯	熄燈	xī dēng	v.	15
烫	燙	tàng	a./v.	5	习俗	習俗	xísú	n.	6
特别	特別	tèbié	adv.	8	洗衣机	洗衣機	xǐyījī	n.	3
提出	提出	tíchū		1	戏曲	戲曲	xìqǔ	n.	13
提醒	提醒	tí xǐng	v.	14	细心	細心	xìxīn	a.	18
替	替	tì	p.	14	下	下	xià	v.	13
天亮	天亮	tiān liàng	v.	4	先	先	xiān	adv.	9
天伦之乐	天倫之樂	tiānlúnzhīlè		13	现代	現代	xiàndài	n.	6
填	填	tián	v.	15	现代人	現代人	xiàndàirén	n.	6
铁路	鐵路	tiělù	n.	14	现象	現象	xiànxiàng	n.	10
通过	通過	tōngguò	p.	2	相遇	相遇	xiāngyù	v.	12
同意	同意	tóngyì	v.	13	想法	想法	xiǎngfǎ	n.	5
统计	統計	tǒngjì	v.	2	项	項	xiàng	n.(kbb)	15
统一	統一	tǒngyī	v.	20	相册	相冊	xiàngcè	n.	12
痛快	痛快	tòngkuai	a.	17	象棋	象棋	xiàngqí	n.	13
W					小学	小學	xiǎoxué	n.	5
外地	外地	wàidì	n.	7	谐音	諧音	xiéyīn	n.	10
外企	外企	wàiqǐ	n.	9	谐音词	諧音詞	xiéyīncí	n.	10
外向	外向	wàixiàng	a.	13	心里话	心裏話	xīnlihuà	n.	17
晚餐	晚餐	wǎncān	n.	15	心情	心情	xīnqíng	n.	6
晚点	晚點	wǎn diǎn	v.	16	心态	心態	xīntài	n.	3
网球	網球	wǎngqiú	n.	3	新闻	新聞	xīnwén	n.	18
网站	網站	wǎngzhàn	n.	1	信息	信息	xìnxī	n.	2
为	為	wéi	v.	8	形势	形勢	xíngshì	n.	18
为了	為了	wèile	p.	7	幸运	幸運	xìngyùn	a.	14
温故知新	溫故知新	wēngù-zhīxīn		1	休闲	休閒	xiūxián	n.	13
					修建	修建	xiūjiàn	v.	16

简体 Aksara Sederhana	繁体 Aksara Tradisional	拼音 Pinyin	词性 Jenis Kata	课号 Bab
许多	許多	xǔduō	num.	19
选择	選擇	xuǎnzé	v.	15
学问	學問	xuéwen	n.	1
学长	學長	xuézhǎng	n.	9

Y

简体	繁体	拼音	词性	课号
压力	壓力	yālì	n.	6
炎黄子孙	炎黃子孫	Yán-Huáng zǐsūn		20
沿线	沿綫	yánxiàn	n.	14
沿着	沿着	yánzhe		19
眼	眼	yǎn	n.	9
眼看	眼看	yǎnkàn	adv.	4
眼神	眼神	yǎnshén	n.	9
演唱会	演唱會	yǎnchànghuì	n.	19
阳光	陽光	yángguāng	n.	3
阳光明媚	陽光明媚	yángguāng míngmèi		3
样子	樣子	yàngzi	n.	8
要是	要是	yàoshi	conj.	14
一半	一半	yíbàn	num.	20
一大早	一大早	yídàzǎo		7
一边……一边……	一邊……一邊……	yìbiān……yìbiān……		13
义工	義工	yìgōng	n.	11
因此	因此	yīncǐ	conj.	20
音节	音節	yīnjié	n.	15
赢利	贏利	yínglì	v.	4
拥挤	擁擠	yōngjǐ	a.	2
用力	用力	yòng lì	v.	11
优秀	優秀	yōuxiù	a.	17
幽静	幽靜	yōujìng	a.	3
悠闲	悠閑	yōuxián	a.	3
由	由	yóu	p.	1
由此	由此	yóu cǐ		19
由于	由於	yóuyú	p.	4
油	油	yóu	n.	4
游	游	yóu	v.	11
友好	友好	yǒuhǎo	a.	10
有教无类	有教無類	yǒujiào-wúlèi		1
有趣	有趣	yǒuqù	a.	6
有些	有些	yǒuxiē	pron.	13
余	餘	yú	v.	10
鱼	魚	yú	n.	10
与	與	yǔ	p.	14
雨水	雨水	yǔshuǐ	n.	16
郁闷	鬱悶	yùmèn	a.	1
月饼	月餅	yuèbing	n.	3
月底	月底	yuèdǐ	n.	17
月光族	月光族	yuèguāngzú	n.	17
越……越……	越……越……	yuè……yuè……		3
越来越	越來越	yuèláiyuè		2
运送	運送	yùnsòng	v.	19
运用	運用	yùnyòng	v.	18

Z

简体	繁体	拼音	词性	课号
藏羚羊	藏羚羊	zànglíngyáng	n.	14
噪声	噪聲	zàoshēng	n.	3
增加	增加	zēngjiā	v.	18
招聘	招聘	zhāopìn	v.	9
招手	招手	zhāo shǒu	v.	11
照顾	照顧	zhàogù	v.	7
珍稀	珍稀	zhēnxī	a.	14
真正	真正	zhēnzhèng	a.	17
征求	徵求	zhēngqiú	v.	4
正式	正式	zhèngshì	a.	18
政府	政府	zhèngfǔ	n.	2
支付	支付	zhīfù	v.	17
知识	知識	zhīshi	n.	18
职业	職業	zhíyè	n.	20
植物	植物	zhíwù	n.	4
治理	治理	zhìlǐ	v.	5
中餐	中餐	zhōngcān	n.	15
钟	鐘	zhōng	n.	10

简体 Aksara Sederhana	繁体 Aksara Tradisional	拼音 Pinyin	词性 Jenis Kata	课号 Bab	简体 Aksara Sederhana	繁体 Aksara Tradisional	拼音 Pinyin	词性 Jenis Kata	课号 Bab
逐渐	逐漸	zhújiàn	adv.	5	子孙	子孫	zǐsūn	n.	20
烛光	燭光	zhúguāng	n.	15	自称	自稱	zìchēng	v.	20
主考官	主考官	zhǔkǎoguān	n.	18	自习	自習	zìxí	v.	9
主张	主張	zhǔzhāng	v.	1	一族	一族	zú		17
煮	煮	zhǔ	v.	5	祖先	祖先	zǔxiān	n.	20
专辑	專輯	zhuānjí	n.	4	尊称	尊稱	zūnchēng	n.	1
转发	轉發	zhuǎnfā	v.	2	尊重	尊重	zūnzhòng	v.	6
着想	着想	zhuóxiǎng	v.	9	做主	做主	zuò zhǔ	v.	1
资料	資料	zīliào	n.	19					

专有名词
Kata benda nama diri

简体 Aksara Sederhana	繁体 Aksara Tradisional	拼音 Pinyin	课号 Bab
A			
阿拉伯	阿拉伯	Ālābó	8
奥运会	奧運會	Àoyùnhuì	1
B			
布达拉宫	布達拉宮	Bùdálā Gōng	18
C			
春秋	春秋	Chūnqiū	20
措那湖	措那湖	Cuònà Hú	14
D			
战国	戰國	Zhànguó	20
F			
非洲	非洲	Fēizhōu	19
G			
桂林	桂林	Guìlín	18
H			
汉朝	漢朝	Hàncháo	19
汉人	漢人	Hànrén	20
黑格尔	黑格爾	Hēigé'ěr	3
黄帝	黃帝	Huángdì	20
J			
教师节	教師節	Jiàoshī Jié	19
K			
孔丘	孔丘	Kǒng Qiū	1
孔子	孔子	Kǒngzǐ	1
L			
拉萨市	拉薩市	Lāsà Shì	14
老舍	老舍	Lǎoshě	13
老舍茶馆儿	老舍茶館兒	Lǎoshě Cháguǎnr	13
李渊	李淵	Lǐ Yuān	20
联合国	聯合國	Liánhéguó	20
刘邦	劉邦	Liú Bāng	20
《论语》	《論語》	《Lúnyǔ》	1
O			
欧洲	歐洲	Ōuzhōu	19
Q			
秦朝	秦朝	Qíncháo	20
秦国	秦國	Qínguó	20
秦始皇	秦始皇	Qín Shǐhuáng	20
青藏	青藏	Qīng-Zàng	14
青海	青海	Qīnghǎi	14
R			
人民大会堂	人民大會堂	Rénmín Dàhuìtáng	18
儒家	儒家	Rújiā	1
S			
世界自然基金会	世界自然基金會	Shìjiè Zìrán Jījīnhuì	15
T			
唐朝	唐朝	Tángcháo	20
吐鲁番	吐魯番	Tǔlǔfān	8
X			
西湖	西湖	Xī Hú	11
西宁市	西寧市	Xīníng Shì	14
西亚	西亞	Xīyà	19
西藏	西藏	Xīzàng	14
新疆	新疆	Xīnjiāng	8
Y			
炎帝	炎帝	Yándì	20
禹	禹	Yǔ	5
玉珠峰	玉珠峰	Yùzhū Fēng	14
Z			
中亚	中亞	Zhōngyà	19

© 2017 北京语言大学出版社，社图号 17300

图书在版编目（CIP）数据

新概念汉语课本：印尼语版．4 / 崔永华主编．——北京：北京语言大学出版社，2018.3
　ISBN 978-7-5619-5110-1

　Ⅰ.①新…　Ⅱ.①崔…　Ⅲ.①汉语－对外汉语教学－教材　Ⅳ.① H195.4

中国版本图书馆 CIP 数据核字（2017）第 274275 号

新概念汉语（印尼语版）　课本 4
XIN GAINIAN HANYU (YINNIYU BAN) KEBEN 4

责任编辑：	张维嘉
艺术总监：	张　静
装帧设计：	［美］Mila Ryk
排版制作：	北京创艺涵文化发展有限公司
责任印制：	周　燚

出版发行：	北京语言大学出版社	
社　　址：	北京市海淀区学院路 15 号，100083	
网　　址：	www.blcup.com	
电子信箱：	service@blcup.com	
电　　话：	编辑部	8610-82303647/3592/3395
	国内发行	8610-82303650/3591/3648
	海外发行	8610-82303365/3080/3668
	北语书店	8610-82303653
	网购咨询	8610-82303908
印　　刷：	北京建宏印刷有限公司	

版　次：	2018 年 3 月第 1 版		**印　次：**	2018 年 3 月第 1 次印刷
开　本：	889 毫米 × 1194 毫米　1/16		**印　张：**	7
字　数：	241 千字			
	08900			

PRINTED IN CHINA